cDv
DRESSLER

Diana Wynne Jones

Die Kraft der Mandola

Deutsch von Karin Polz

Cecilie Dressler Verlag · Hamburg

Die englische Originalausgabe erschien bei
Macmillan Children's Books, London, unter
dem Titel *Cart And Cwidder*
Deutsch von Karin Polz
Schutzumschlag von Tilman Michalski
Gesamtherstellung: Mohndruck
Grafische Betriebe GmbH, Gütersloh
Printed in Germany 1985
ISBN 3-7915-1029-0

Erstes Kapitel

Hör auf zu träumen, Moril", sagte Lenina.
„Denk an die Kostüme, Moril", sagte Brid. „Wir sind kurz vor Derent."
Moril seufzte. Er hatte nicht geträumt, und er fand seine Mutter ungerecht. Er hatte nur auf die weiße Straße geschaut, die sie nach Norden führte, und sich gefreut, daß sie wieder in diese Richtung fuhren. Er war froh, den Süden zu verlassen. Es war Frühling, und es war schon viel zu heiß. Aber das war nicht das schlimmste am Süden. Das schlimmste war, daß man vorsichtig sein mußte. Man mußte aufpassen, daß man den Fuß nicht an den falschen Platz setzte oder ein falsches Wort verlor, weil man befürchten mußte, ins Gefängnis geworfen zu werden. Ständig beobachteten einen Leute, um zu melden, was man gesagt hatte. Moril bekam eine Gänsehaut, wenn er daran dachte. Es ärgerte ihn auch, daß sein Vater im Süden einige Lieder nicht zu singen wagte aus Furcht, als Aufrührer zu gelten. Und das waren Morils Meinung nach gerade die besten Lieder. Sie kamen alle aus dem Norden. Moril war selbst im Norden geboren, in der Grafschaft Hannart. Und der Mann, den er am meisten verehrte, der Adon, war vor langer Zeit Graf von Hannart gewesen.
„Du träumst schon wieder!" sagte Lenina scharf.
„Nein, ich träume nicht", sagte Moril. Er verließ seinen Sitz hinter der Kutscherbank und kroch schnell in den hinteren Teil des

Planwagens. Seine Mutter und seine Schwester hatten schon ihre billigen, mit Flitterwerk verzierten Kostüme angezogen. Lenina, ganz in Silber und Mattgold, wirkte blaß und blond und immer noch sehr schön. Brid, die dunkler und bräunlicher als die Mutter war, trug ein schimmerndes, pfauenblaues Kleid. Lenina hängte Morils Anzug über das Gestell mit den Musikinstrumenten, und Moril quetschte sich dorthin durch. Beim Umziehen achtete er sorgfältig darauf, daß er nicht gegen eine Mandola stieß oder die Drehleiter zerkratzte. Die Instrumente glänzten und schimmerten von der häufigen Benutzung und der liebevollen Pflege. Jedes Instrument hatte seinen festen Platz. Alles im Wagen hatte seinen festen Patz. Clennen bestand darauf. Er sagte, daß das Leben in einem kleinen Planwagen sonst unerträglich wäre.

Als Moril wieder auftauchte, hatte er sich ganz verändert. Sein Anzug war vom gleichen Pfauenblau wie Brids Kleid, und sein Haar war rot, ein leuchtendes, wildes Rot. Er hatte die blasse Haut Leninas, weiße Haut mit ein paar roten Sommersprossen.
„Weißt du, Mutter", sagte Brid, wie sie es vor jedem Auftritt seit ihrer Abreise von Holand gesagt hatte, „irgendwie finde ich, daß Moril die Farbe nicht steht."
„Sie macht die Leute auf ihn aufmerksam", sagte Lenina, und dann ging sie nach vorn, um die Zügel zu übernehmen, damit Clennen und Dagner sich umziehen konnten.
Moril lief zum Straßenrand. Er wollte im feuchten hohen Gras gehen, das sich rauh und weich zugleich an seinen nackten Zehen anfühlte. Von hier aus konnte er den Planwagen, der sein Zuhause war, gut betrachten. Er war in verschiedenen auffälli-

gen Farben gestrichen, überwiegend in Rosa und Gold. Deutlich abgesetzt in Gold und Himmelblau standen an den Seiten die Worte CLENNEN DER SÄNGER. Moril wußte, wie grell das wirkte, aber er mochte den Wagen trotzdem. Er rollte weich, weil er gut gefedert und gut geölt war, und folgte Olob, dem seidig glänzenden Pferd, mühelos. Clennen sagte immer, daß er sich niemals von Olob trennen würde, auch für eine ganze Grafschaft nicht. Olob – sein voller Name war Barangarolob, denn Clennen liebte lange Namen – war in Rosa und Scharlachrot aufgezäumt, mit viel poliertem Messing. Seine Mutter und Brid auf der Kutscherbank, fand Moril, sahen aus wie Königin und Prinzessin.

Clennen schaute hinter der Zeltplane an der Rückseite des Wagens hervor. „Du bewunderst uns, nicht wahr?" rief er vergnügt. Moril lächelte und nickte. „Der Wagen ist wie das Leben", sagte Clennen. „Du fragst dich vielleicht, was innen drin vor sich geht, aber es kommt nur auf die Wirkung an und darauf, was für eine Vorstellung wir geben. Vergiß das nicht!" Sein Kopf verschwand wieder.

Moril lächelte noch immer. Sein Vater versorgte sie ständig mit wunderlichen Gedanken, die sie sich merken sollten. In ein oder zwei Tagen würde er wahrscheinlich nach dem fragen, was er eben gesagt hatte. Moril dachte darüber nach und fand nicht, daß ihre Aufmachung wie das Leben sei. Das ganze Leben war nicht rosa und gold, höchstens ein Teil, aber nur, weil der Wagen Teil ihres Lebens war.

Er grübelte immer noch, da rasselte die Zeltplane herunter und gab den Blick frei auf Clennen und Dagner, beide in Scharlachrot gekleidet und bereit für die Vorstellung. Moril kletterte zu ihnen auf den Wagen. Clennen lächelte wohlwollend. Dagner, dessen Gesicht angespannt und verzerrt war wie vor jedem Auftritt, schob Moril wortlos eine Mandola in die Hände und Moril an den richtigen Platz. Er reichte Clennen die große alte Mandola, Brid das Panhorn und griff selbst nach einer Flöte und der langen schmalen Trommel. Kaum hatten alle ihren Platz eingenommen, rollte der Wagen in Derent ein. Auf dem Marktplatz blieb Olob stehen.

„Achtung", sagte Clennen und gab das Zeichen zum Einsatz. Sie fingen an.

Derent war kein großer Ort. Ein paar Kinder trudelten ein, nachdem sie ihr Eröffnungslied gesungen hatten, und höchstens zehn Erwachsene. Die Leute, die vor der Schenke saßen, drehten zwar ihre Stühle herum, um besser sehen zu können, aber Moril hatte trotzdem das unbestimmte Gefühl, daß ihre Kunst in Derent reine Verschwendung war. Das sagte er auch zu Brid.

„All deine Gefühle sind unbestimmt", sagte Lenina, die es gehört hatte. „Sei still!"

Ohne sich von den wenigen Zuschauern beirren zu lassen, setzte Clennen zu seinen üblichen Sprüchen an. „Meine Damen und Herren, kommt, um uns zuzuhören! Ich bin Clennen der Sänger, auf dem Weg von Holand in den Norden. Ich bringe euch Nachrichten, Meinungen, Lieder und Geschichten, alte und neue. Kommt zusammen, holt euch Stühle, kommt näher und hört uns zu!" Clennen hatte eine prächtige, volltönende Stimme, ob er nun sprach oder sang. Seine Worte dröhnten über den Platz. Viele Augen richteten sich auf ihn. Sein Äußeres paßte zu seiner Stimme. Er war hochgewachsen und nicht eben dünn, obwohl sein Bauch in dem scharlachroten Kostüm dicker aussah, als er wirklich war. Er hatte einen kräftigen, dicht gekräuselten Bart und einen kahlen Fleck auf dem Hinterkopf, der im Augenblick durch einen scharlachroten Hut verdeckt war. Aber am hervorstechendsten war seine überwältigende, unerschütterliche gute Laune. Sie schien die Menschen mit magischer Gewalt anzuziehen. Bevor er seine Ansprache beendet hatte, hörten ihm vierzig oder fünfzig Leute zu.

„Da siehst du's!" sagte Brid zu Moril.

Bevor die Vorstellung richtig beginnen konnte, drängte sich jemand zum Wagen durch und rief: „Habt Ihr Neuigkeiten aus Holand, Clennen?"

So war es immer. Die Vorstellung mußte warten. Für Moril war es Teil ihres Auftritts. Es schien zu ihren Pflichten zu gehören, Neuigkeiten aus einem Teil Dalemarks in die anderen Teile zu bringen. Im Süden gab es für die Leute nur wenige Möglichkeiten zu erfahren, was im nächsten Lordtum geschah, ganz zu schweigen von der nächsten Grafschaft.

„Nun, wollen mal sehen", sagte Clennen. „In den Südtälern ist ein neuer Graf in Amt und Würden eingesetzt worden – der Enkel des alten. Und ich habe gehört, daß Hadd sich wieder mit Henda entzweit hat." Dies überraschte niemanden. Die beiden Grafen waren außerordentlich streitsüchtig. „Und ich habe *gehört,"* sagte Clennen, das *gehört* betonend, um zu zeigen, daß er nicht etwa Unruhe stiften wollte, „ich habe *gehört,* daß die Ursache dafür etwas mit einer Schiffsladung von Nordmännern zu tun hatte. Nordmänner, die im letzten Monat in Holand in den Hafen gebracht wurden." Diese Nachricht rief verwirrtes und vorsichtiges Gemurmel hervor. Niemand wußte, was von einem Schiff aus dem Norden zu halten war, das nach Holand kam, und ob es gegen das Gesetz war, überhaupt darüber nachzudenken. Clennen ging zu anderen Nachrichten über. „Der Graf von Waywold macht neues Geld – aus Kupfer und Gott weiß was noch –, das nichts wert ist. Für eine Goldmünze erhält man zweitausend davon. Der Preis auf den *Träger* – ich nehme an, Ihr habt alle vom *Träger* gehört?" Alle hatten von ihm gehört. Der *Träger* war ein berüchtigter Spion, überall gesucht von den Grafen aus dem Süden wegen gesetzwidriger Weitergabe von Informationen und Aufstachelei zur Unzufriedenheit. Keinem der Grafen war es gelungen, seiner habhaft zu werden. „Da der Preis auf den Kopf des *Trägers* jetzt zweitausend Goldstücke beträgt", sagte Clennen, „können wir nur hoffen, daß er nicht in Waywold gefaßt wird, sonst müßt ihr eure Belohnung mit einem Fuhrwerk abholen." Diese Bemerkung rief hier und da vorsichtiges Lachen hervor. „Und im letzten Monat hat der Sturm in Bradbrook das Dach des Lords davongetragen, von meinem Zelt gar nicht zu reden", sagte Clennen.

Inzwischen hatte Lenina die Papierstreifen aussortiert, auf die sie Botschaften von Leuten aus anderen Orten an Freunde und Verwandte in Derent geschrieben hatte. Sie fing an, die Namen auszurufen. „Ist hier jemand, der Coran heißt? Ich habe eine Mitteilung von seinem Onkel in Pennet." Ein junger Mann mit rotem Gesicht schob sich nach vorn. Er gestand, als schäme er sich dessen, daß er lesen könne, und bekam den Papierstreifen ausgehändigt.

„Ist hier eine Großmutter Ben?"

„Sie ist krank, aber ich werde es ihr sagen", rief jemand.

Und so ging es weiter. Denen, die lesen konnten, händigte Lenina die Botschaften aus und las sie denen vor, die es nicht konnten. Immer mehr Leute kamen auf den Platz, als sich herumsprach, daß es Neuigkeiten gebe. Nach kurzer Zeit hatte sich eine ansehnliche Menge versammelt. Die Leute waren in bester Stimmung und erzählten einander die letzten Neuigkeiten aus Holand.

Dann rief Clennen: „Jetzt lege ich meinen Hut hier auf den Boden. Wenn ihr auch ein Lied von uns hören wollt, dann seid so gut und füllt ihn mit Silber." In einem eleganten Bogen flog der scharlachrote Hut aufs Kopfsteinpflaster. Leer, wie er war, wirkte er erwartungsvoll. Clennen wartete und sah auch erwartungsvoll aus. Und nach einem Augenblick warf Coran, der junge Mann mit dem roten Gesicht, eine Silbermünze in den Hut. Ein anderer folgte seinem Beispiel, und noch einer. Lenina, die das Geschehen voller Sachverstand verfolgte, murmelte Brid zu, daß es nach guten Einnahmen aussehe.

Danach begann die eigentliche Vorstellung. Moril hatte für unbestimmte Gedanken kaum noch Zeit. Er hatte zwar nicht viel zu singen, aber seine Aufgabe war es, die Oberstimme zu den tiefen, lieblichen Klängen zu spielen, die sein Vater der großen alten Mandola entlockte, und das hielt ihn ziemlich beschäftigt. Seine Finger wurden heiß und kribbelig, und er beugte sich beim Spielen vor, um sie durch Blasen abzukühlen. Clennen bot seinem Publikum, was er ihm versprochen hatte: neue und alte beliebte Melodien – Balladen, Liebeslieder und Lieder zum Lachen – und völlig neue Lieder. Einige davon waren sein eigenes Werk. Clennen war ein großer Liedermacher. Brid und Dagner stimmten manchmal ein oder spielten Panhorn, Trommel und Mandola, während Lenina gleichmütig Drehleier spielte. Sie spielte gut – da Clennen es ihr beigebracht hatte –, aber immer etwas mechanisch, als seien ihre Gedanken woanders.

Hin und wieder machte Clennen eine Pause und warf einen heiter-vorwurfsvollen Blick auf seinen Hut. Das führte gewöhnlich dazu, daß eine Hand sich aus der Menge löste und verschämt eine kleine Münze zu den anderen warf. Dann lächelte Clennen jedermann in der Runde strahlend an und spielte weiter. Als der Hut mehr als halbvoll war, sagte er: „Jetzt, denke ich, ist es an der Zeit für einige Lieder aus unserer Vergangenheit. Wie Ihr vielleicht wißt, hat es in der Geschichte Dalemarks viele großartige Sänger gegeben, aber für mich waren nie wieder zwei darunter, die mit Adon und Osfameron zu vergleichen wären. Osfameron ist ein Vorfahre von mir. Zufällig stamme ich in direkter Linie von ihm ab. Es wurde von ihm erzählt, er habe die Felsen von den Bergen zaubern können, die Toten aus ihrem Schlaf und das Gold aus den Börsen der Männer." Hier lockte Clennen mit einem leichten Heben seiner sandfarbenen Augenbrauen in Richtung auf den Hut einen kleinlauten Penny und ein leises Lachen bei seinen Zuschauern hervor. „Meine Damen und Herren", sagte Clennen, „ich werde jetzt vier Lieder von Osfameron singen."

Moril seufzte und lehnte seine Mandola vorsichtig an die Seitenwand des Wagens. Die alten Lieder wurden nur von der großen Mandola begleitet; so konnte er sich ausruhen. Trotzdem wünschte er, sein Vater würde sie nicht singen. Moril mochte die neue, kraftvolle Musik viel lieber. Die alte erforderte eine Fingertechnik, die sogar die große sanfte Mandola brüchig und dünn klingen ließ, und Clennen schien es für nötig zu halten, seine tiefe Singstimme so zu verändern, daß sie dünn, hoch und sonderbar klang.

Der Saal des Adon stand offen. Hindurch und davon
Schossen Schwalben. Die Seele fliegt durch das Leben.
Osfameron wußte im Grunde seines Herzens davon.
Des Vogels Leben ist nicht des Mannes Leben.

Moril lauschte und fragte sich, was Osfameron damit eigentlich hatte sagen wollen. Aber den Zuschauern gefiel es. Moril hörte jemanden sagen: „Ich mag es gern, wenn die alten Lieder richtig vorgetragen werden." Als Clennen fertig war, klatschte das Publikum Beifall, und es fielen wieder ein paar Münzen in den Hut.

Dann ergriff Dagner seine Mandola, sein Gesicht war noch angespannter und verzerrter als zuvor. Clennen sagte: „Ich möchte jetzt meinen ältesten Sohn vorstellen, Dastgandlen Handagner." So hieß Dagner mit vollem Namen. Clennen liebte lange Namen. „Er wird euch einige seiner eigenen Lieder vorsingen", sagte Clennen und winkte Dagner in die Mitte des Wagens. Dagner schnitt vor lauter Nervosität eine Grimasse, verbeugte sich und begann zu singen. Moril verstand nicht, warum dieser Teil immer eine solche Qual für Dagner bedeutete. Er wußte, daß sein Bruder lieber gestorben wäre, als auf seinen Beitrag zur Vorstellung zu verzichten, aber froh war er immer erst, wenn alles vorbei war. Vielleicht war Danger so aufgeregt, weil er die Lieder selber gemacht hatte.

Es waren seltsame, schwermütige kleine Lieder mit ungewöhnlichem Rhythmus. Und es waren Lieder, die einem im Gedächtnis blieben. Man summte sie vor sich hin, wenn man dachte, man hätte sie längst vergessen. Moril lauschte und sah zu und beneidete Dagner um die Gabe, Lieder zu machen.

Dagner sang, und die Zuschauer begannen, Gefallen daran zu finden. Dagner sah nicht besonders bemerkenswert aus – er war dünn und hatte aschblonde Haare und einen großen Adamsapfel –, und die Leute erwarteten, daß auch seine Lieder nicht bemerkenswert seien. Aber als er zum Ende kam, erhielt er Beifall, und es gab wieder ein paar Münzen. Dagner wurde blaß-purpurrot vor Freude, und für den Rest der Vorstellung benahm er sich fast natürlich.

Es kam nicht sehr viel. Die Familie sang gemeinsam ein paar weitere Lieder und beendete die Vorstellung mit den *Lustigen Holandern.* Im Süden hörten sie immer mit diesem Lied auf, und die Zuschauer sangen jedesmal mit. Dann packten sie die Instrumente ein und antworteten gleichzeitig auf Fragen, die einige Leute hatten.

Da war die übliche Anzahl von Leuten, die Clennen gut zu kennen schienen, die üblichen kichernden Mädchen, die Dagner baten, ihnen zu sagen, wie er Lieder komponierte – etwas, was Dagner nie erklären konnte und doch immer wieder versuchte –, die üblichen freundlichen Leute, die Moril sagten, was für ein tüchtiger Musiker er schon sei, obwohl er doch noch so jung war, und die üblichen Herren, die Lenina und Brid wie zufällig berührten und versuchten, ihnen süße Nichtigkeiten zuzuflüstern. Clennen bemerkte diese Herren immer sehr schnell, besonders jene, die sich Brid näherten. Die arme Brid sah in ihrem Kostüm älter aus, als sie war – in Wirklichkeit war sie gerade dreizehn geworden –, und sie hatte keine Ahnung, wie sie mit diesen flüsternden Herren fertigwerden sollte.

„Na ja, seht Ihr, mein Vater hat es mir beigebracht“, erklärte Moril.

„Sie kommen mir in den Kopf wie – hm – wie Ideen", erklärte Dagner.
„Lenina, nicht wahr?" murmelte ein Herr vorne am Wagen.
„Ja, ich bin Lenina", sagte Lenina.
„Ich habe Euch nicht ganz verstanden", sagte Brid etwas hilflos zu einem anderen Herrn.
„Ich geh nicht nach Hannart. Ich hatte eine kleine Meinungsverschiedenheit mit dem Grafen", sagte Clennen. Er drehte sich um und verscheuchte mit einem einzigen Blick den Mann, den Brid nicht verstehen konnte, und auch den anderen, der Lenina für Lenina hielt. „Aber ich komme durch Dropwater", fuhr er fort, sich wieder seinen Freunden zuwendend.
Lenina hatte das Geld eingesammelt und zählte es. „Gut", sagte sie. „Wir können im Gasthaus übernachten. Ich hätte gern ein Dach über dem Kopf."
Moril und Brid hätten das auch gern. Es war das Äußerste an Luxus. Sie würden Federbetten haben, ein richtiges Bad und Essen, das in einem Haus gekocht worden war. Brid leckte sich die Lippen und lächelte Moril entzückt an. Moril erwiderte das Lächeln auf seine sanfte, verträumte Art.
„Nein. Keine Zeit", sagte Clennen, als sie ihn endlich fragen konnten. „Wir müssen zusehen, daß wir weiterkommen. An der Straße wartet ein Fahrgast auf uns."
Lenina sagte nichts. Es war nicht ihre Art. Während Brid, Moril und sogar Dagner protestierten, ergriff sie einfach die Zügel und redete Olob gut zu, sich in Bewegung zu setzen.

Zweites Kapitel

„Wo nehmen wir den Fahrgast auf?“ fragte Brid, als Derent hinter ihnen lag und sie sich etwas beruhigt hatten. Sie trug wieder ihr blaukariertes Alltagskleid und sah eher jünger aus, als sie war.

„Noch zwei oder drei Meilen. Ich sag schon Bescheid“, versprach Clennen.

„Er will nach Norden, nicht?“ fragte Dagner.

„Ja, stimmt“, sagte Clennen.

Moril marschierte in den gewöhnlichen rostfarbenen Sachen, die er bevorzugte und in denen er nach Brids Meinung viel netter aussah, zu Fuß neben dem Wagen her. Hoffentlich war es ein angenehmer Fahrgast. Im letzten Jahr hatten sie eine Frau mitgenommen, die ihn mit ihrem stumpfsinnigen Geschwätz fast wahnsinnig gemacht hatte. Sie hatte hundert kleine Jungen gekannt, und sie alle waren auf irgendeine Weise besser als Moril, was sie mit mindestens zwei langen Geschichten über jeden dieser Jungen beweisen konnte.

Wenn sie nach Norden fuhren, nahmen sie fast jedes Jahr jemanden mit. Seitdem der Norden und der Süden Streit miteinander hatten, gab es nur sehr wenig Verkehr zwischen beiden Teilen. Wer kein Pferd besaß, war darauf angewiesen, von solchen Leuten wie den amtlich zugelassenen Sängern als zahlender Fahrgast mitgenommen zu werden. Denn wer zu Fuß ging,

nahm das Risiko auf sich, als Vagabund festgenommen und ins Gefängnis gesteckt zu werden.
Der Anfang der Auseinandersetzungen lag so lange zurück, daß nur noch wenige Leute die Ursache dafür kannten. Der Norden hatte eine Erklärung dafür, der Süden eine andere. Aber es war bekannt, daß nacheinander drei Könige von Dalemark gestorben waren, ohne einen rechtmäßigen Thronerben zu hinterlassen. Und fast jeder Graf im Land hatte in irgendeiner Form Anspruch auf den Thron. Streitigkeiten und Kriege hatte es schon gegeben, bevor der letzte König den Königsstein übernommen und von Hannart im Norden aus geherrscht hatte. Es gab Anzeichen dafür, daß das Land auseinanderbrechen und sich in die verschiedenen Grafschaften aufteilen würde. Als Adon, der letzte König, starb, waren seine Erben nicht aufzufinden und der Königsstein auch nicht. Es kam zum Bürgerkrieg.
Seitdem waren die einzigen Herrscher Dalemarks die Grafen gewesen, jeder in seiner eigenen Grafschaft, denen die Lords unterstanden. Zuerst hatten sich die Grafen des Südens nur miteinander verbündet, um zu verhindern, daß die Grafen von Hannart Könige wurden. Und wenn die einfachen Bürger im Süden sich anmerken ließen, daß sie gern einen König aus Hannart hätten, und das auch öffentlich sagten, wurden sie gehängt. Die Grafen aus dem Norden, die wesentlich unabhängiger waren, emporten sich hierüber und begannen allmählich, sich miteinander zu verbünden, um Hannart zu unterstützen. Die Zeiten änderten sich. Jetzt wollte niemand mehr einen König. Keril, der augenblickliche Graf von Hannart, erklärte öffentlich, daß er keinen Anspruch auf den Thron habe. Der Bruch zwischen den beiden Teilen war noch nie so tief gewesen. Die Männer aus

dem Norden behaupteten, die Hälfte des Landes lebe in Knechtschaft, und die Grafen aus dem Süden sagten, der Norden verschwöre sich gegen sie. In Brids Geburtsjahr war Keril, Graf von Hannart, von allen Grafen und Lords des Südens zum Staatsfeind erklärt worden. Danach wagten nur noch die amtlich anerkannten Händler und zugelassenen Sänger, zwischen dem Norden und dem Süden zu reisen, und sie mußten beweisen, daß ihre Geschäfte harmlos waren, oder jederzeit damit rechnen, irgendwo im Süden festgenommen zu werden.

Moril kannte einige Händler und eine ganze Anzahl von Sängern. Clennen hielt von keinem allzu viel, ausgenommen vielleicht der Sänger Hestefan, dem Moril noch nie begegnet war. Aber Moril hatte nicht einen darüber klagen gehört, daß er Fahrgäste mitnehmen müsse. Es waren wohl alles sehr geduldige Menschen.

„Wie sieht es mit der Bezahlung aus?" fragte Lenina.

„Wart's nur ab", sagte Clennen und lachte.

„Das ist ja alles ganz schön und gut", sagte Brid, plötzlich wieder schlecht gelaunt. „Aber warum müssen wir immer jemand mitnehmen? Warum kann der blöde Norden sich nicht mit dem albernen Süden vertragen?"

„Mach doch mal einen Vorschlag", sagte Clennen. Und nachdem Brid eine Weile herumgestottert hatte, lachte er und sagte: „Könntest du dich mit jemandem vertragen, von dem du weißt, daß er dir ein Messer in den Rücken jagen würde, wenn er eine Gelegenheit dazu hätte? Denk dran. Wohlgemerkt, es gab eine Zeit, da war der Süden genauso frei wie der Norden. Vergiß auch das nicht."

Es war sehr kühn, so etwas im Süden zu sagen. Der letzte Aufstand war grausam niedergeschlagen worden, und die strengen Gesetze waren noch in Kraft.

Es war das Ende einer ganzen Reihe von Aufständen gewesen. Die ersten waren im Norden genau wie im Süden verlaufen; sie alle waren von Männern angeführt worden, die behaupteten, die verschwundenen Könige zu sein. Die Grafen des Nordens hatten das nicht sehr schwergenommen. Da die Berge es immer erschwerten, Rebellen und Verbrecher zu fassen, hatten die Gesetze von Hannart und Gardale schon seit langem untersagt, etwa die Familien von Rebellen als Geiseln zu nehmen oder ihre Häuser zu verwüsten. Die Grafen kämpften gegen die Rebellen, verhandelten mit ihnen, und manchmal schlossen sie sich ihnen an. Was auch ihre Gründe dafür gewesen sein mochten – Clennen sagte gern: „Die Grafen des Nordens behandelten ihre Feinde wie Männer."

Anders war es in den Niederungen des Südens. Dort gab es keine Verstecke, und es war nicht üblich, Gnade walten zu lassen. Die Grafen schlugen die Aufstände der falschen Könige grausam und blutig nieder und ermordeten die Familien ihrer Anhänger. Dann kamen sie zusammen, um neue Gesetze zu erlassen und jedem, der es wagen sollte, sich noch einmal aufzulehnen, schreckliche Strafen anzudrohen. Im Norden hörten die Aufstände auf, während es im Süden immer weiterging mit Unzufriedenheit und Auflehnung. Dort waren noch strengere Gesetze die Folge. Die Grafen gewöhnten sich daran, über Leben und Tod ihrer Untertanen entscheiden zu können, und verachteten die Schwächlinge im Norden. Andererseits aber hatten sie große Furcht vor der Rache ihrer Untertanen, falls ein Aufstand einmal erfolgreich sein sollte.

Das Ergebnis war, daß viele Menschen vom Süden in den Norden flüchteten. Dort planten sie weitere Aufstände – das wurde zumindest von den Grafen im Süden befürchtet. Die Grafen forderten vom Norden, daß er diese Leute entweder zurückschicke oder sie hinrichten lasse. Die Grafen des Nordens kamen zusammen und beantworteten dieses Ansinnen mit einem Brief, den Clennen seine Kinder auswendig lernen ließ. Er sei, sagte Clennen, ein berühmtes Stück Geschichte. „Was im Kopf eines Mannes vor sich geht", schrieben die Grafen des Nordens, „ist seine eigene Angelegenheit. Wir hängen ihn nicht, weil er glaubt, einen Grund zur Klage zu haben. In Übereinstimmung mit den Gesetzen von Hannart liefern wir ihn auch nicht an andere aus, damit diese ihn hängen." Das war vor über fünfzig Jahren geschehen, aber es gelte, wie Clennen sagte, immer noch. Und es zeigte die Bedeutung Hannarts. Denn gleichgültig, ob es bei einer Auseinandersetzung um Könige oder um einfache Bürger ging, Hannart hatte immer dahintergestanden. Keril, der gegenwärtige Graf von Hannart, hatte geholfen, den letzten Aufstand zu organisieren und seitdem nie ein Hehl aus seiner Meinung vom Süden gemacht. Die Grafen des Südens fürchteten und haßten den Norden, am meisten aber Hannart.

Als Clennen in einem Atemzug vom Norden, vom Süden und von der Freiheit sprach, sah Moril, wie Lenina einen Blick zu den Hecken warf, um sich zu vergewissern, daß niemand zuhörte. Im Süden war es gefährlich, sich so frei zu äußern. Das ganze Land war voller Spione.

Die Hecken waren noch so dünn belaubt, daß man hindurchsehen konnte. Nichts bewegte sich darin außer einiger Vögel. In der Ferne bepflanzten Leute einen Hang mit Weinstöcken.

Dann kamen sie zu einer Abzweigung. Dort, auf dem Dreieck, das durch die Abzweigung gebildet wurde, wartete ein Mann. Zu seinen Füßen stand eine riesige, zur Hälfte von einem Strohkorb umhüllte Flasche. Der Mann winkte, und Dagner hielt den Wagen an. Olob drehte den Kopf zur Seite und betrachtete die riesige Flasche offensichtlich voller Zweifel.
„Guten Abend, Flind", sagte Clennen. „Ist das neben Euren Füßen unsere Bezahlung?" Der Mann nickte. Sein Gesicht blieb starr, obwohl Clennen ihn strahlend anlächelte. „Das hatte ich gehofft", sagte Clennen. „Wo ist unser Fahrgast?"
Flind zeigte mit dem Daumen hinter sich. Der Fahrgast saß im Schatten der Flasche. Er sah sehr erhitzt aus, sehr unordentlich, ziemlich mißvergnügt und wesentlich jünger als Dagner.
„Hilf ihm in den Wagen", sagte Clennen zu Moril.
Moril versuchte es, aber der Fahrgast schüttelte seine Hand ab. „Ich komme allein rein", sagte er, „ich bin kein Krüppel." Er kletterte gewandt in den Wagen und setzte sich auf den Boden. Moril sah ihm zerstreut nach und hoffte, daß es die Hitze war, die ihn so unangenehm erscheinen ließ. Er wußte aus bitterer Erfahrung, daß jemand in etwa Dagners Alter einem das Leben sehr schwer machen konnte. Das konnte schlimmer werden als mit der Frau vom letzten Jahr. Er sah Brid an, die ihm ihre Ausgepreßte-Zitronen-Grimasse schnitt.
Inzwischen hoben Clennen und Flind die riesige Flasche durch die hintere Wagenöffnung. Es bedurfte einer großen Anstrengung, und die Flasche nahm viel Raum ein, als sie endlich im Wagen stand. Olob hatte den Kopf über die Schultern fast nach hinten gedreht, um ihnen zu zeigen, wie sehr er das alles mißbilligte.

„Willst du dich wirklich in Form von Wein bezahlen lassen?" fragte Lenina.

„Weißt du etwas Besseres?" sagte Clennen. „Mein liebes Mädchen, im Norden gibt es nur Bier! Sei dankbar für das, was du hast. Wollen wir sie heute abend aufmachen? Oder würdest du lieber warten, bis wir durch Markind kommen?"

„Oh – heute abend", sagte Lenina, leise lächelnd.

Clennen versperrte die Hinterklappe des Wagens, winkte Flind zu, und dann fuhren sie weiter. Olob brachte sehr deutlich zum Ausdruck, wie schwer es war, den Wagen wieder in Gang zu bringen. Brid hatte richtig Mitleid mit ihm, wie er sich abmühte mit all dem zusätzlichen Gewicht. Aber alle anderen wußten, daß der Wagen so gut gefedert und geschmiert war, daß Olob den Unterschied kaum spüren konnte. Dagner zögerte nicht lange, ihm einen leichten Schlag mit der Peitsche zu versetzen.

„Was für ein faules Pferd!" rief ihr Fahrgast.

„Das sind oft die klügsten", sagte Clennen.

Ihr Fahrgast, dem klar war, daß er eine Abfuhr erhalten hatte, legte das Kinn auf die Knie und seufzte tief. Brid und Moril beobachteten ihn abwechselnd durch den Spalt in der Hinterklappe. Er war jünger als Dagner, aber kräftiger, und etwa gleich groß. Sein Haar war bräunlich-blond, er hatte viel Haar; wie die Mähne eines Löwen sah es aus, nur unordentlicher. Seine Augen waren von einem hellen Blaugrün, seine Augenbrauen aber dicht und schwarz, und er hatte eine sehr braune Haut. Seine Nase erinnerte sie an einen Adler. Er sah ohne Zweifel ungewöhnlich aus. Immer noch wirkte er, als sei ihm alles zuwider.

„Vielleicht liegt sein Großvater im Sterben, und sie haben nach ihm geschickt, und er hat keine Lust hinzugehen", sagte Brid

sinnend. Moril hoffte nur, daß ihr Fahrgast seine schlechte Laune nicht an ihnen auslassen würde.
Sie waren etwa eine Meile gefahren, da sagte Clennen: „Wir wissen noch nicht, wie du heißt, Junge. Ich finde immer, Namen sagen einem viel. Wie lautet deiner?"
„Kialan", antwortete der Junge. „Mit einem K."
„Auch mit einem K ist er mir viel zu kurz", sagte Clennen.
„Aber was erwartet Ihr von mir? Es ist nun einmal mein Name!" protestierte Kialan.
„Mir gefallen längere Namen besser", erklärte Clennen. „Clennen ist mir auch zu kurz. Lenina, der Name meiner Frau, ist zu kurz. Aber meine Kinder haben alle Namen, die sich schön in die Länge ziehen, weil ich sie selbst aussuchen konnte. Der Junge, der den Wagen lenkt, heißt Dastgandlen Handagner, meine Tochter Cennoreth Manliabrid, und der mit den roten Haaren ist Osfameron Tanamoril."
Moril knirschte mit den Zähnen und erwartete, daß ihr Gast lachen würde. Aber eigentlich sah er eher eingeschüchtert aus. „Oh", sagte er. „Nennt Ihr sie so, wenn Ihr sie ansprecht?"
„Und das faul-kluge Pferd heißt Barangarolob", fügte Clennen hinzu, als liege ihm wirklich daran, daß Kialan es wisse.
„Kümmere dich nicht darum", sagte Lenina zu Kialan. „Wir nennen sie Dagner, Brid und Moril. Und das Pferd Olob."
Kialan schien erleichtert. Er gab noch einen tiefen Seufzer von sich, dann zog er seine Jacke aus. Ihm mußte darin warm gewesen sein; es war eine dicke Jacke aus gutem Tuch. Er legte sie zusammen – nicht so sorgfältig, wie ein gutes Kleidungsstück es verdiente –, benutzte sie als Kissen und tat so, als wolle er schlafen. Brid wußte, daß er nur so tat, weil er jedesmal, wenn sie an

Reisenden vorbeikamen, hochfuhr und durch die Öffnung in der Plane spähte.
Es herrschte kein reger Verkehr auf der Straße. Meistens waren es langsame Fuhrwerke, an denen Olob mühelos vorbeitrabte. Aber hin und wieder kamen auch Reiter, die ebenso mühelos an Olob vorbeitrabten, wie Olob an den Fuhrwerken. Einmal kam eine ganze Gruppe von Reitern in einer weißen Staubwolke vorbei. Kialan betrachtete jeden einzelnen prüfend. Einer der Reiter war offensichtlich ebenso interessiert an ihnen. Er reckte sich im Vorbeireiten fast den Hals aus, so sehr schien ihn der Planwagen zu interessieren.
„Wer war der Bursche?" fragte Clennen Lenina.
„Ich habe keine Ahnung", entgegnete sie.
„Seltsam", sagte Clennen, „irgendwie habe ich das Gefühl, ich hätte ihn schon einmal gesehen." Aber da der Mann ganz und gar durchschnittlich aussah, weder dunkel noch blond, weder alt noch jung, konnte Clennen ihn nicht einordnen.
Kurz danach, als die Sonne schon niedrig stand, verließ Olob die Straße aus eigenem Antrieb. Er zog den Wagen quer durch Ginsterbüsche. Holpernd ging es über eine mit Heidekraut bedeckte Niederung. In der Nähe eines Baches blieb Olob stehen.
„Olob hält diesen Platz für geeignet", sagte Dagner zu Clennen. „Ist er das?"
„Ihr laßt doch nicht etwa Euer Pferd entscheiden, wo Ihr rasten wollt!" rief Kialan aus.
„Olob enttäuscht uns nur selten", sagte Clennen und begutachtete die Umgebung. „Ja, sehr schön. Pferde haben ein Gefühl für die richtigen Rastplätze, Kialan. Vergiß das nicht."
Verächtlich sah Kialan zu, wie Dagner Olob ausspannte und zur

Tränke führte. Er sah zu, wie Moril den Staub vom Wagen wischte und wie Brid Brennholz sammelte.
„Biete uns bloß nicht deine Hilfe an!" murmelte Brid in seine Richtung.
Während Lenina das Abendessen kochte, holte Clennen die große Mandola vom Wagen herunter, polierte sie, stimmte sie mit großer Sorgfalt und winkte Moril zu sich. Moril kam widerstrebend näher. Er fürchtete sich ein wenig vor der großen Mandola. Ihr schimmernder runder Bauch war noch eindrucksvoller als der von Clennen. Die Einlegearbeiten aus Perlen und Elfenbein und verschiedenfarbigen Holzarten verwirrten ihn mit ihren fremdartigen Mustern. Clennen pflegte sie so liebevoll, daß Moril manchmal dachte, daß diese Mandola wie ein zusätzlicher, besonderer Teil seines Vaters war.
„Spiel uns das Lied von Osfameron", sagte Clennen.
Moril konnte die alten Lieder so wenig leiden, daß er sich beim Lernen furchtbar anstrengen mußte. Clennen korrigierte ihn, ließ ihn noch einmal von vorn anfangen. Die Sache wurde noch schlimmer, als Kialan zu ihnen herüberkam. Er baute sich vor Moril auf und hörte zu. In reiner Selbstverteidigung begann Moril zwischen zwei Tönen zu träumen und hörte auf zu spielen. Er war bei Adon, auf einer grünen Straße im Norden.
„Müßt Ihr ihm das wirklich beibringen?" fragte Kialan.
„Wie sonst, meinst du, sollte er es lernen?" fragte Clennen.
Kialan schien etwas verwirrt. »Na ja, ich habe angenommen, sie schnappen das irgendwie von selbst auf – während der Vorstellungen", sagte er.
„Oder es wüchse ganz natürlich heran, wie Haare und Fingernägel?" meinte Clennen.

„Nein ... Ich ... Ach, das ist blöd!" sagte Kialan, und zu Morils Erleichterung schlenderte er langsam davon. Aber er kam wieder zurück, als Moril fertig war und Brid seinen Platz einnahm. Kialan packte Moril am Ärmel. „Sag mal, ihr kennt euch zwar mit dieser ganzen Musik aus, aber könnt ihr überhaupt lesen und schreiben?"

Moril zog seinen Ärmel weg. „Natürlich kann ich lesen und schreiben", sagte er. „Mutter hat es uns beigebracht." Bevor Kialan ihm weitere unverschämte Fragen stellen konnte, lief er fort, zwischen den Ginstersträuchern hindurch und zum Bach hinunter. Dort blieb er, verloren in unbestimmten Träumereien, bis er Brid rufen hörte:

„Abendessen! *Waschen,* Moril!"

Das Abendessen war nicht sehr gut, und das wenige Brot, das sie noch hatten, war trocken. „Also ich finde, es schmeckt sonderbar!" sagte Kialan.

Leninas Gesicht, das nie zeigte, was sie dachte, wurde völlig ausdruckslos. „Ich wollte in Derent Brot und Zwiebeln kaufen", sagte sie. „Aber es war keine Zeit mehr."

Eine bedrückende Pause entstand. Dann sagte Clennen: „Hör mal, mein Junge, wir müssen über einhundertfünfzig Meilen miteinander auskommen, du und wir. Dazu müssen beide Seiten ein bißchen beitragen, meinst du nicht? Ich würde nur ungern eine gute Mandola auf deinem Kopf zerschlagen."

Die Sonne ging gerade unter, und am Himmel stand Abendrot. Aber Moril glaubte nicht, daß die Farbe in Kialans Gesicht nur darauf zurückzuführen war. Kialan sagte jedoch nichts. Er ließ sich schweigend Wein einschenken und trank ihn. Inzwischen hatte der Wein Clennen sehr fröhlich gemacht. Sein Gesicht

leuchtete im Feuerschein. Er lehnte sich gegen ein Wagenrad und sagte zu Dagner: „Laß uns dein neues Lied hören."
„Es ist noch nicht ganz fertig", sagte Dagner. Aber da dies keine Vorstellung war, holte er bereitwillig seine Mandola. Die Melodie klang vielversprechend. Ohne eine Spur von Nervosität sagte er die Worte dazu, manchmal sang er sie, manchmal sprach er sie.

Komm mit mir, komm mit mir.
Die Amsel bittet: „Folge mir."
Keiner wird sehen, keiner wird sehen,
Wo du hingehst, werde auch ich gehen.
Komm mit mir. Der Morgen erwacht,
Wolken stehen hoch in milchiger Pracht.
Der Mond gleicht einem weißen Daumennagel,
Lerchen singen im fernen Tale.
Die Sonne ist da, nun folge mir.
Wir wollen heimlich fort von hier.
Die Straße entlang, über die Berge steigen,
Wo Wasser rauschen und Wälder schweigen.

„Und dann, denke ich, noch einmal die ersten vier Zeilen", sagte Dagner und blickte zu Clennen auf.
„Nein", sagte Clennen, „geht nicht."
„Na ja, ich brauch sie ja nicht noch mal zu wiederholen", sagte Dagner bescheiden.
„Ich meine, das Ganze geht nicht", sagte Clennen.
Dagner sah sehr niedergeschlagen aus. Kialan brachte es nicht fertig, den Mund zu halten. Entrüstet sagte er: „Warum nicht? Ich finde, es hört sich nach einem verflixt guten Lied an."

„Die Melodie ist in Ordnung, soweit sie fertig ist", sagte Clennen. „Aber warum eine solche Melodie mit diesen Worten verderben?"

„Es sind verflixt gute Worte", sagte Kialan widerspenstig. „Mir haben sie gefallen."

„Es sind die Worte, die ich gern haben wollte", sagte Dagner bescheiden.

„Verstehe ich", sagte Clennen. „Aber sag sie nie wieder laut, bis wir im Norden sind – wenn du nicht willst, daß sie uns als Rebellen festnehmen."

Dagner versuchte, es zu erklären:

„Aber ich – das war es nicht. Ich wollte nur ausdrücken, wie gern ich im Planwagen durch das Land fahre und – und so weiter."

„Bist du sicher?" fragte Clennen. „Hast du noch nie die Lieder gehört, die die Freiheitskämpfer im Jahr des Aufstands sangen? Es muß jetzt sechzehn Jahre her sein, im Jahr, als du geboren wurdest. Sie wagten nicht, etwas direkt auszusprechen, und so wurde alles umschrieben – *Folge der Lerche* hieß eins, *Frei wie die Luft und heimlich* ein anderes, und das bekannteste hieß *Komm ins ferne Tal mit mir.* Die Lords hier hängen auf der Stelle jeden, der solche Worte singt."

„Das ist doch lächerlich!" platzte Kialan heraus. „Warum können hier die Leute nicht singen, was sie wollen? Was ist mit ihnen allen los?"

Brid und Moril betrachteten ihn interessiert. Allmählich schien es, als sei Kialan ein Freiheitskämpfer. Sie hatten das Gefühl, sie könnten ihm viel verzeihen, wenn es so war. Clennen jedoch schien nur belustigt zu sein.

„Hoffentlich ist niemand hinter dem Ginster, der dir zuhört", sagte er. Kialan schaute sich hastig um.
„Siehst du?" sagte Clennen. „Niemand kann einem anderen noch trauen. Das kommt, wenn furchtsame Machthaber furchtsame Männer bezahlen, um alle anderen auch furchtsam zu machen. Es ist nicht immer so gewesen, mußt du wissen. Dagner, was habe ich vor Derent gesagt?"
Dagner dachte gerade traurig über sein ungeeignetes Lied nach. „Wie . . . Oh – daß das Leben nur eine Vorstellung sei oder so, glaube ich."
„Ich wußte, ich konnte mich darauf verlassen, daß du mit dem falschen Spruch kommen und den falschen Spruch auch noch falsch bringen würdest", sagte Clennen nachsichtig. „Jemand anders?"
„Du hast gesagt, der Süden sei einst ebenso frei wie der Norden gewesen", sagte Brid. „Und eigentlich hast du es zu mir gesagt."
„Dann vergiß es nicht", sagte Clennen.

Drittes Kapitel

Nachdem er eine Nacht lang versucht hatte, das kleinere Zelt mit Kialan und Dagner zu teilen, entschloß Moril sich, in den Wagen zu Brid und dem Weinkrug zu kriechen. Selbst der Weinkrug brauchte weniger Platz als Kialan, erklärte er Brid, und der Krug hatte weder Knie noch Ellenbogen. Moril ärgerte sich über Kialan, und er überließ ihn gerne Dagner. Es war schwer zu sagen, ob Dagner Kialan mochte oder nicht, weil Dagner immer so schweigsam war. In der Hinsicht war Dagner wie Lenina. Es war völlig unmöglich zu sagen, was Lenina von Kialan hielt – oder überhaupt von irgend etwas.

Kialan konnte trotz Clennens Rüffel seine freimütigen Bemerkungen nicht für sich behalten. „Wißt ihr, ich finde den Wagen wirklich schrecklich auffällig", sagte er am zweiten Morgen. Er hatte gar nicht so unrecht. Der Wagen hob sich gegen den langsam hell werdenden Himmel ab, und Moril steckte gerade seinen Rotschopf zwischen den Planen hervor. Die Wirkung war zweifellos sehr farbig, aber Brid war zutiefst beleidigt.

„Ist er aber nicht!" sagte sie.

„Vermutlich bist du zu jung, um schon Geschmack zu haben", erwiderte Kialan. Nach diesem Ausspruch schwor Brid Moril, daß sie Kialan ihr Leben lang als Feind betrachten würde.

Abgesehen von Kialans Ellenbogen und der Tatsache, daß er nie den kleinsten Versuch unternahm, bei den täglichen Arbeiten zu

helfen, ärgerte Moril sich am meisten darüber, daß Kialan jedesmal mit dieser Überlegenheit daneben stand, wenn Moril Musikstunden bekam, und zuhörte. Leider hatte er an den nächsten Tagen sehr häufig Musikunterricht.
Vielleicht Kialan zuliebe kürzten sie den Weg ab und zogen zum Flennpaß nach Norden. Auf diese Weise kamen sie durch keine großen Städte und nur durch zwei Dörfer. Im ersten Dorf kaufte Lenina Vorräte, aber weder im ersten noch im zweiten gaben sie eine Vorstellung. Clennen benutzte die Gelegenheit, mit Moril immer wieder die alten Lieder durchzugehen, Brid auf dem Panhorn üben zu lassen und mit ihnen allen eine Reihe von Liedern einzustudieren.
Kialan stand dabei und brachte Moril immer wieder aus der Fassung. Allmählich störte Moril das so sehr, daß er sich hinter noch größerer Geistesabwesenheit verschanzte. Er saß auf seinem Platz hinter der Kutscherbank, starrte auf die weiße Straße, die sich zwischen den graugrünen Hängen des Südens abspulte, ließ sich von der heißen Sonne bescheinen, die ihn nie bräunte, und träumte von seinem Geburtsort im Norden. Es machte Moril immer wieder traurig, daß sein Vater wegen der Meinungsverschiedenheit mit Graf Keril nie nach Hannart ging. Moril sehnte sich nach Hannart, und in seinen Träumen hatte er sich genau ausgemalt, wie es aussah. Dort gab es eine alte graue Burg, Ebereschen und blaue Hügel. Moril sah es deutlich vor sich. Er sah den ganzen Norden vor sich, ausgebreitet über die graugrüne Landschaft des Südens wie ein auf ein Fenster gemaltes Bild: dunkle Wälder und smaragdgrüne Täler, die seltsamen grünen Straßen aus alten Zeiten, die zu jetzt bedeutungslos gewordenen Orten führten, harte graue Felsen und den großen Wasserfall von Dropwater.

Moril hörte Kialan hinter sich sprechen und dachte, daß der Norden einen weiteren Vorteil hatte: Kialan würde sie dort verlassen.
„Jetzt habe ich es schon sechsmal gesagt", sagte Kialan. „Bist du eigentlich die *ganze* Zeit Tausende von Meilen weg von hier?"
Moril war ärgerlich. Seine Familie konnte ihm Verträumtheit vorwerfen, wenn sie Lust dazu hatte, aber Kialan war ein Fremder. „Du hast kein Recht, das zu sagen", murmelte er.
„Ich weiß doch inzwischen, daß du der Dummkopf in der Familie bist", sagte Kialan, „aber ist es nötig, daß du neben deiner Blödheit auch noch unverschämt wirst?"
„Dasselbe gilt für dich!" antwortete Moril scharf und boxte Kialan zu dessen großer Überraschung in den Bauch. Kialan fiel nach hinten – hoffentlich tut es weh, dachte Moril – und gegen den Weinkrug. Moril fand es angebracht, den Wagen so schnell wie möglich zu verlassen und davonzulaufen. Für den Rest des Tages hielt er sich aus Furcht vor Kialans Rache mehr im Hintergrund.
Aber es war Clennen, der Vergeltung übte. Als sie ihr Lager für die Nacht aufgeschlagen hatten, winkte er Kialan und Moril zu sich. „Wollt ihr beide euch wieder vertragen und entschuldigen?" fragte er. Moril sah Kialan argwöhnisch an, und Kialan starrte eiskalt zurück. „Nun gut", sagte Clennen und schlug ihre Köpfe heftig gegeneinander. Nichts scheint so hart zu sein wie der Kopf eines anderen Menschen. Moril war etwas überrascht, daß Kialan nichts sagte. „Das nächstemal wird's schlimmer", versprach Clennen. Dann gab er Moril Musikunterricht, als sei nichts geschehen. Und zu Morils Verdruß stand Kialan daneben und hörte zu wie gewöhnlich.

Am nächsten Tag kamen sie zu einem Marktflecken, der Crady hieß. Es begann zu regnen – dicke warme Tropfen, die Teil der Luft zu sein und kaum etwas mit dem feuchtweißen Himmel zu tun zu haben schienen. Die Regentropfen malten dunkelbraune Kreise in den Staub der Straße. Es roch köstlich nach feuchter Erde. Zum Umziehen mußten sich alle im Wagen zusammendrängen. Moril wunderte sich nicht, daß Kialan ausstieg.
„Ich interessiere mich eigentlich nicht für eure Vorstellung", sagte er zu Clennen. „Kann ich auf der anderen Seite von Crady auf euch warten?"
„Wenn du willst, mein Junge", sagte Clennen gutgelaunt. Brid und Moril tauschten wütende Blicke und wunderten sich, daß Clennen Kialan keine Ohrfeige gab. Aber das einzige, was Clennen zu stören schien, war der Regen. „Im Freien werden wir keine Zuschauer haben", sagte er. „Ich will mal sehen, was sich machen läßt. Wir fahren mit geschlossener Plane hinein."
Das war eine weise Entscheidung. Als sie den Marktplatz erreichten, kam der Regen in Strömen herunter und spritzte von den Pflastersteinen wieder hoch. Weit und breit war niemand zu sehen. Aber Clennen hatte Freunde in Crady – wie auch überall sonst. Eine halbe Stunde später hatten sie sich unter dem Dach einer Scheune an der Ecke des Marktplatzes eingerichtet, und allmählich versammelte sich eine feuchte, aber interessierte Menschenmenge.
Nachdem Clennen allen von Hadd und Henda erzählt hatte, dem Geld von Waywold, dem Kopfgeld für den *Träger* und dem Preis für Getreide in Derent, und nachdem die üblichen Nachrichten übermittelt worden waren, sangen sie Lieder mit einem Kehrreim, in den die Zuhörer einstimmen konnten. Als dann die

Stimmung und die Aufmerksamkeit ihren Höhepunkt erreicht hatten, erzählte Clennen eine von den alten Geschichten. Das war Moril sehr recht. Ihm war es in Gebäuden immer zu heiß, und Mandola spielen erhitzte ihn noch mehr. Während einer Geschichte wurde er nur ein- oder zweimal gebraucht, wenn ein Lied eingefügt wurde. Die übrige Zeit konnte Moril in der staubigen Spreu auf dem Boden sitzen, die Arme um die Knie geschlungen, und zuhören.

Clennen hatte einen Teil der Geschichte von Adon ausgewählt. Moril lauschte hingerissen, wie Lagan Adon verwundet hatte und wie die Wunde nicht heilen wollte, bis Manaliabrid aus dem Osten zu ihm kam. Dann folgte die Geschichte von der Liebe. Lagan und Adon liebten Manaliabrid, und Adon war mit ihr in den Süden geflohen. Lagan verfolgte sie, aber Osfameron half dem Liebespaar, indem er in den Bergpässen ein bestimmtes Lied sang, so daß die Berge sich bewegten und den Durchgang versperrten. Lagan mußte umkehren.

An dieser Stelle senkte Clennen seine kraftvolle Stimme, um zu sagen: „Ich werde Euch Osfamerons Lied lieber nicht vorsingen, um die Berge nicht noch einmal zu bewegen. Aber es trifft zu, daß seit jener Zeit der einzige Paß zum Norden der Flennpaß ist."

Adon durchstreifte eine Zeitlang mit Manaliabrid den Süden und sang für ihren Lebensunterhalt, bis Lagan herausfand, wo sie sich aufhielten. Dann raubte er Kastri, Adons Sohn von seiner ersten Frau, und Adon verfolgte ihn. Aber Lagan war so etwas wie ein Zauberer. Er machte Kastri unsichtbar und nahm selbst die Gestalt Kastris an. Und als Adon ahnungslos zu ihm trat, stieß Lagan ihm einen Dolch ins Herz.

An dieser Stelle kam Manaliabrids Klagelied, das zu singen Morils Aufgabe war. Er ergriff seine Mandola und warf einen Blick in die warmen blaugrauen Tiefen der Scheune. Zu seiner Überraschung entdeckte er unter den aufmerksamen Zuschauern Kialan. Er stand hinten, sehr naß und schmutzig, und lauschte ebenso interessiert wie alle anderen. Moril vermutete, daß er die Vorstellung einem Naßwerden bis auf die Haut schließlich doch vorgezogen hatte. Und er war ärgerlich über Kialans Kommen.
Clennen erzählte weiter, wie Manaliabrid Osfameron um Hilfe bat. Osfameron sang, und dadurch wurde Kastri wieder sichtbar. Dann nahm er seine Mandola und machte sich auf den Weg, einen Weg, den nur er kannte, an die Grenze zum Dunklen Land. Dort spielte er eine Musik, die die Toten zusammenkommen ließ. Nachdem sie sich versammelt hatten, sang Osfameron und rief die Seele Adons zu sich. Und – diese Stelle erzeugte bei Moril immer einen köstlichen Schauder – Clennen senkte wieder die Stimme, um zu sagen: „Ich singe euch das Lied, das Osfameron damals sang, lieber nicht vor, um die Toten nicht noch einmal zu rufen."
Osfameron führte die Seele Adons zurück und vereinte sie mit seinem Körper. Adon stand auf, besiegte Lagan und herrschte als der letzte König von Dalemark. Er war der letzte König, weil Manaliabrids Sohn, der ihm auf den Thron folgen sollte, sich statt dessen entschloß, in das Land seiner Mutter zurückzugehen. „Und seit jener Zeit", sagte Clennen, „gibt es in Dalemark keine Könige mehr. Es wird auch keine mehr geben, bis Manaliabrids Söhne zurückkehren."
Moril seufzte hingerissen. Nach einer solchen Geschichte schaffte er es nur mit Mühe, in die *Lustigen Holander* einzustim-

men. Danach verdrückte er sich an das andere Ende der Scheune, um der Menschenmenge aus dem Weg zu gehen. Er kauerte sich unter den Wagen, um nachzudenken, während Clennen seine Freunde begrüßte und Dagner es nicht fertigbrachte zu erklären, wie er seine Lieder machte.

Wenn solche Dinge doch heute noch geschähen! dachte Moril. Es schien eine solche Verschwendung, vom Sänger Osfameron abzustammen, der Adon gekannt hatte und Tote zum Leben erwecken konnte, und ein so langweiliges Leben zu führen wie er, Moril. Die Welt war so mittelmäßig geworden. Man brauchte nur an den Unterschied zu denken zwischen jenem Osfameron, überlegte Moril, und diesem, Osfameron Tanamoril, um zu sehen, wie einfach und mittelmäßig die Menschen in der letzten Zeit geworden waren. Wenn nur . . .

Hier unterbrach das einfache und mittelmäßige Leben seinen Gedankengang in der Gestalt von Lenina, die den Hut mit seinem klimpernden Inhalt zum Wagen brachte. Dicht hinter ihr ging der übliche murmelnde Herr. „Und es muß jetzt sechzehn Jahre her sein . . .“ murmelte dieser Herr.

„Siebzehn“, sagte Lenina heiter. „Moril, hör auf zu träumen und zähl das Geld.“

Moril kroch unlustig unter dem Wagen hervor. Während er das tat, wandte Clennen sich um, und seine Stimme dröhnte durch die Scheune: „Nein, ich hatte überhaupt nichts für ihn übrig, als ich das letztemal in Untertal war.“ Seine Worte wurden von einem Blick begleitet, der den murmelnden Herrn veranlaßte, in der Menge unterzutauchen. Moril beobachtete ihn etwas verwirrt. Er schien der Zwillingsbruder des murmelnden Herrn von Derent zu sein.

Die Einnahmen waren nicht schlecht. Und Clennen war in guter Stimmung, weil ein alter Freund ihm ein Stück Rinderlende geschenkt hatte. Das Fleisch war appetitlich rot und zart und zum Frischhalten in Blätter eingewickelt. Clennen verstaute es sorgfältig in einem Schrank. Er sprach vergnügt vom Abendessen, während sie im nachlassenden Nieselregen durch Crady fuhren. Kialan erwartete sie unter einem Baum ein kleines Stück vor der Stadt.

„Hah!" sagte Brid verächtlich. „Kein Interesse an unseren Vorstellungen, Euer Hochwohlgeboren, wie? Hast du ihn gesehen, Moril? Jedes Wort hat er aufgesaugt!"

„Ja", sagte Moril.

Während das Steak auf dem Feuer brutzelte, fragte Brid Kialan scheinheilig: „Vater hat eine der Geschichten von Adon erzählt. Kennst du die Geschichten auch?"

„Ja. Und ich finde sie stinklangweilig", sagte Kialan. „All die Zauberei!"

„Das ist typisch für dich!" sagte Moril. „Ich habe gesehen . . ."

„Ruhe!" sagte Clennen. „Ihr stört das Steak. Kein Wort mehr, bis es fertig ist."

Das Steak war etwas Rücksichtnahme ganz gewiß wert. Selbst Kialan hatte keine Einwände. Nach dem Abendessen fuhren sie weiter. Auf seine sorglose Art schien Clennen genauso versessen darauf wie Moril, den Norden wiederzusehen. Er ließ Olob erst eine Wiese aussuchen, als die Sonne fast untergegangen war. Im Westen ballten sich fliederfarbene Wolken, die von roten Streifen durchzogen waren.

„Kennst du die Marsch, Kialan?" fragte Clennen.

„Ein wenig", sagte Kialan.

„Wenn wir Zeit hätten, würde ich sie dir zeigen, nur wegen der Frühlingsblumen", sagte Clennen. „Aber sie liegt für uns zu weit östlich, leider. Die Enten dort lassen dir das Wasser im Munde zusammenlaufen."
„In den Tälern hier gibt es Kaninchen", sagte Dagner.
„Stimmt." Clennen nickte. „Haltet morgen früh Ausschau nach Schlingen."
Gegen Ende des nächsten Tages veränderte sich die Landschaft allmählich. Die sanften graugrünen Hänge machten höheren, grüneren Hügeln Platz, und es gab mehr Bäume. Es war wie ein Vorgeschmack vom Norden. Moril spürte eine angenehme Erregung, obwohl es nur die Südtäler waren, in die sie jetzt kamen. Tholian, dem Grafen der Südtäler, wurde nachgesagt, daß er ein noch grimmigerer Tyrann als Henda sei. Es war noch ein weiter Weg bis zum Norden. Jenseits dieser grünen Hügel lagen die Hochlande und Markwald, danach würden sie erst zum Flennpaß und endlich in den Norden kommen.
Die Nächte waren etwas kühler, und Kaninchen gab es reichlich. Abend für Abend zog Dagner los, um Schlingen auszulegen, und zu Morils Erstaunen erwies sich Kialan zum erstenmal als hilfsbereit. Er begleitete Dagner.
„Das tut er nur, weil er gern tötet", sagte Brid. „Er gehört zu dieser Sorte von Menschen."
Was auch der Grund sein mochte: Kialan war überraschend geschickt im Fangen und Häuten von Kaninchen, und Lenina wußte ein gutes Gericht aus Kaninchenfleisch zuzubereiten. Da sie auch Wein hatten, aßen sie die nächsten Tage sehr üppig. Moril war Kialan beinahe dankbar. Brid aber war kein bißchen dankbar, weil Kialan jedesmal, wenn sie in einer Stadt oder ei-

nem Dorf eine Vorstellung gaben, die gleiche Schau abzog. Jedesmal behauptete er, daß er nicht interessiert sei und sie vor der Stadt wiedertreffen würde. Und ausnahmslos jedesmal sahen sie ihn dann unter den Zuschauern, genauso interessiert wie alle anderen.

„Doppelzüngiger Heuchler!“ sagte Brid entrüstet. „Er will nur erreichen, daß wir uns klein fühlen.“

„Das würde dir gar nicht schaden“, sagte Lenina in ihrer trockenen Art. Brid war noch entrüsteter als zuvor. Es zeigte sich allmählich, daß Lenina ziemlich viel von Kialan hielt. Nicht etwa, daß sie etwas sagte. Sie handelte. Als Kialan im Wald seine gute Jacke zerriß, besserte Lenina sie mit sorgfältigen, sauberen Stichen für ihn aus.

Kialan schien eher überrascht als dankbar. „Oh – danke“, sagte er, als Lenina ihm die ausgebesserte Jacke reichte. „Ihr hättet Euch nicht die Mühe machen sollen.“ Sein Gesicht war rot, und er schien Lenina tatsächlich ein wenig dafür zu verachten, daß sie es getan hatte.

Einen Tag später kamen sie in den Teil der Südtäler, der das Lordtum von Markind war. In Markind gaben sie nie Vorstellungen. Geduldig zog Olob den Wagen die steilen kleinen Hügel dieses Lordtums hinauf und hinunter. Clennen, der ein Publikum nie verschmähte, erklärte Kialan genau, warum er immer durch Markind fuhr, ohne eine Vorstellung zu geben.

„Siehst du, ich habe Lenina von hier geholt“, sagte er. „Mitten aus Markind heraus, heraus aus dem eigenen Festsaal des Lords. Stimmt's nicht, Lenina?“

„Ja, es stimmt“, sagte Lenina. Sie sah immer sehr zurückhaltend aus, wenn Clennen diese Geschichte erzählte.

„Sie war dem Sohn des Lords versprochen. Wie war noch sein Name? Pennan, so hieß er. Ein fader junger Dummkopf", sagte Clennen, als sähe er ihn vor sich. „Man hatte mich eingeladen, bei der Verlobung zu singen – ich war schon ziemlich bekannt, auch in jenen Tagen, und sehr gefragt bei solchen Anlässen, glaub mir. Nun, kaum hatte ich den Festsaal betreten und Lenina erblickt, da wußte ich, daß sie die Frau für mich war. Verschwendet an einen Dummkopf wie Fenner. So hieß er doch, nicht wahr, Lenina?"

„Er hieß Ganner", sagte Lenina.

„Ach ja", sagte Clennen. „Ich weiß noch, daß er mich irgendwie an eine Gans erinnerte. Es muß der Name gewesen sein. Oder waren es sein dürrer Hals oder seine Knopfaugen? Jedenfalls entschloß ich mich, darauf zu setzen, daß ich besser aussah als er und daß ich mich mit dem jungen Herrn Ganter später befassen würde. Erst einmal aber konzentrierte ich mich auf Lenina. Ich sang – weder davor noch danach habe ich je wieder so gut gesungen –, und Lenina konnte die Blicke nicht von mir wenden. Das wunderte mich nicht; ich war in jenen Tagen ein gutaussehender Mann und begabt außerdem – was Flapper nicht war. Darum fragte ich Lenina in einem Lied, ob sie an Stelle dieses Burschen Honker nicht mich heiraten wolle, und als ich vortrat, um die Belohnung für meinen Gesang entgegenzunehmen, sagte sie ja. Anschließend befaßte ich mich mit ihm. ‚Herr', sagte ich sehr ehrerbietig, ‚Herr, welches Geschenk werdet Ihr mir machen?' Und er sagte: ‚Was du haben willst. Du bist ein großer Sänger.' Das war das einzige Vernünftige, was er an diesem Abend gesagt hat. Ich sagte also: ‚Dann werde ich nehmen, was Ihr in Eurer rechten Hand haltet.' Er hielt nämlich Leninas Hand,

mußt du wissen. Ich muß immer noch lachen, wenn ich an sein Gesicht denke."
Die Geschichte ging weiter – und es war eine lange Geschichte, weil Clennen sie einige Male wiederholte und die Einzelheiten liebevoll ausschmückte. Brid und Moril, die das wußten, liefen außer Hörweite am Straßenrand entlang und beobachteten den gelangweilten Ausdruck, der allmählich auf Kialans Gesicht erschien.
„Wenn man Sänger ist, erzählt man dieselbe Geschichte wahrscheinlich gern Hunderte von Malen", sagte Brid ziemlich bissig. „Aber man sollte meinen, daß Vater sich inzwischen an Ganners Namen erinnern müßte."
„Ich frage mich immer", sagte Moril verträumt, „was geschehen würde, wenn wir auf Ganner stoßen, während wir Markind durchqueren. Würde er Vater festnehmen lassen?"
„Natürlich nicht", sagte Brid. „Ich glaube die Geschichte sowieso nicht. Und selbst wenn es sich so abgespielt hat – Ganner ist inzwischen sicher ein großer, dicker Lord, der vergessen hat, daß Mutter je existierte."
Das war Brids ehrliche Meinung, und es war nicht ganz einzusehen, warum sie so wütend wurde, als sie feststellte, daß Kialan diese Meinung teilte. Aber wer ist schon vernünftig, wenn er jemanden nicht leiden kann? Sie machten eine Pause für das Mittagessen, und Clennen, der ganz in seinem Element war, schmückte die Geschichte weiter aus.
„Lenina ist eine echte vornehme Dame", sagte er und lehnte sich bequem gegen das rosa und scharlachrot gestrichene Wagenrad. „Sie ist Tholians Nichte. Aber er hat sie verstoßen, weil sie mit mir durchgebrannt ist. Und es war alles meine Schuld, weil ich

Gander überlistet hatte. ‚Herr', sagte ich, ‚gebt mir, was Ihr in Eurer rechten Hand haltet.' Oh, ich werde sein Gesicht nie vergessen! Nie!" Und er lachte schallend.
Kialan hatte das inzwischen mindestens dreimal gehört. Während Clennen lachte, erhob Kialan sich schnell, um nicht noch mehr hören zu müssen, und stolperte davon, ohne darauf zu achten, wohin er lief. Er fiel beinahe über Moril und Brid.
„Furchtbarer Langweiler, euer Vater!" sagte er mit angeekeltem Gesicht. „Ganner täte mir aufrichtig leid, wenn ich auch nur ein Wort der Geschichte für wahr hielte!"
„Was fällt dir ein!" sagte Brid. „Was *fällt* dir ein, so etwas zu sagen! Ich geb dir gleich eins auf die Nase!"
„Ich schlage mich nicht mit Mädchen", sagte Kialan hochmütig. „Ich hab die Geschichte von Ganner nun einmal satt. Wenn euer Vater sich so gut daran erinnert, warum um alles in der Welt kann er sich dann nicht wenigstens den Namen des armen Burschen merken?"
„Das gehört zu der Geschichte!" kreischte Brid und warf sich auf Kialan.
Einen Augenblick lang versuchte Kialan seine Behauptung, er schlage sich nicht mit Mädchen, aufrechtzuerhalten. In der Zeit schlug Brid ihm zweimal auf die Nase und ohrfeigte ihn völlig ungehindert. „Du boshafte Katze!" sagte Kialan und packte ihre Handgelenke. Es war reine Selbstverteidigung. Brid trat mit ihren bloßen Füßen gegen seine Beine, und als sie feststellte, daß das keinen Eindruck auf Kialan machte, grub sie die Zähne in die Hand, die sie festhielt. Jetzt geriet Kialan erst recht in Wut und versetzte Brid einen Schlag mit seiner freien Hand.
Dagner duldete es nie, daß irgend jemand Brid schlug. Er schoß

hoch von seinem Platz in der Hecke und stürzte sich auf Kialan. Da Dagner auf dem besten Weg zu sein schien, Kialan zu erwürgen, hielt Moril es für ratsam, sich auch in die Schlägerei zu stürzen. Sie bildeten ein knurrendes, wütendes Knäuel. Brid hatte ihre Zähne immer noch in Kialans Hand gegraben, und Kialan ließ Brid nicht los. Clennen erhob sich schwerfällig, kam zu ihnen herübergeschlendert und zerrte Dagner weg von Kialan und Kialan von Brid. Alle plumpsten heftig auf den Boden. Clennen war nicht nur dick, er war auch kräftig.
„Hört jetzt auf!" sagte er. „Und wenn du noch etwas zu meiner Geschichte zu bemerken hast, Kialan, sag es mir." Er blickte vergnügt hinunter auf Kialan, der am Straßenrand lag und an seinen blutenden Knöcheln leckte. „Nun?"
„In Ordnung!" sagte Kialan. „In *Ordnung*!" Moril sah, daß er den Tränen nahe war. Brid weinte.
„Ihr könnt weitererzählen, daß Ihr Ganner – oder wie er auch heißen mag – nie vergessen werdet – sooft Ihr wollt", sagte Kialan. „Ich glaube nicht einmal, daß Ihr ihm überhaupt begegnet seid! Ihr würdet ihn gar nicht erkennen, wenn er in diesem Augenblick die Straße herunterkäme! Nun wißt Ihr's!"
Die Heiterkeit in Clennens Gesicht erstarb. „Du kennst Ganner also?" fragte er mit einem seltsamen Ausdruck.
„Nein, natürlich nicht!" sagte Kialan verlegen. „Wie sollte ich? Ich nehme an, daß er gar nicht existiert."
„Und ob er existiert!" sagte Clennen. „Und ich bin sicher, daß du ihn nicht kennst. Trotzdem hast du recht. Ich habe Ganner in diesem Monat dreimal gesehen und bis zu diesem Augenblick nicht gewußt, daß er es war." Er lachte wieder. „Nicht gerade ein Gesicht, das einem in der Menge auffällt, was, Lenina?"

„Wahrscheinlich nicht", stimmte Lenina zu und schnitt ruhig weiter Wurst auf.
„Aber *du* hast ihn erkannt, nicht wahr?" fragte Clennen. „In Derent, auf der Straße und dann in Crady?"
„Erst als er mir sagte, wer er sei", sagte Lenina ganz gelassen.
Während des Mittagessens ließ Clennen Lenina nicht aus den Augen. Angespannt schien er darauf zu warten, daß sie etwas sage. Und Lenina sagte nichts. Sie sagte so bestimmt und offensichtlich nichts, daß die Atmosphäre mit ihrem Schweigen geladen schien. Es war abscheulich. Alle stocherten verlegen in ihrem Essen herum, und es wurde nur wenig gesprochen. Kialan sagte überhaupt nichts. Er machte sich offensichtlich Vorwürfe, diese Situation ausgelöst zu haben.
Nachdem sie das Mittagessen beendet und den Wagen wieder beladen hatten, fuhren sie weiter, immer noch unter dem selben lastenden Schweigen. Schließlich konnte Clennen es nicht länger ertragen.
„Lenina", sagte er, „du bedauerst doch nichts, oder? Wenn du dich nach jener Art von Leben sehnst – wenn du lieber bei Ganner wärest –, brauchst du es mir nur zu sagen, und ich werde Olob sofort nach Markind lenken."
Moril schnappte nach Luft. Brid mit ihrem tränenverschmierten Gesicht blieb vor Staunen der Mund offenstehen. Sie blickten Clennen an und sahen, daß er es ernst meinte. Dann schauten sie Lenina an, weil sie erwarteten, daß sie lachen würde. Es war so albern. Lenina gehörte ebenso zu ihrem Leben wie Olob oder der Wagen. Aber Lenina lachte nicht, und sie sagte auch nichts. Nicht nur Brid und Moril, sondern auch Dagner, Kialan und Clennen starrten sie mit wachsender Besorgnis an.

Die Straße vor ihnen gabelte sich. Eine Abzweigung führte nach Westen, und auf dem Meilenstein stand *MARKIND* 10 M.
„Nehmen wir diesen Weg?" fragte Clennen.
Lenina schüttelte ungeduldig den Kopf. „O nein", sagte sie. „Du mußt wirklich ein Riesendummkopf sein, Clennen Mendakersson, wenn du so etwas von mir denkst."
Clennen brach in ein dröhnendes, erleichtertes Gelächter aus. Er ließ die Zügel locker, und Olob trabte an der Abzweigung vorbei.
„Ich muß sagen", sagte Clennen, immer noch lachend, „ich könnte mir auch nicht vorstellen, daß du Ganner mir vorzögest. Er hätte die Lieder nicht machen können, die ich für dich gemacht habe, und wenn es um sein Leben gegangen wäre."
„Warum hast du mich dann gefragt?" fragte Lenina kalt. Es war noch nicht alles wieder in Ordnung.
„Na ja", sagte Clennen unbeholfen. „Geld und all das. Und schließlich ist es das Leben, für das du erzogen worden bist."
„Ich verstehe", sagte Lenina. Danach herrschte für mehr als eine halbe Stunde Schweigen, das nur durch das Stampfen von Olobs Hufen und das leise Rumpeln des Wagens unterbrochen wurde. Kialan konnte es nicht länger ertragen. Er stieg aus und marschierte, herausfordernd vor sich hin pfeifend, vor dem Wagen her. Die anderen saßen mit gesenkten Köpfen da und warteten darauf, daß Lenina sich mit Clennen versöhnte. Endlich sagte sie: „Oh, Clennen, sitz doch nicht so da! Du beobachtest mich wie ein Hund! Ich werde mir nicht plötzlich Flügel wachsen lassen und wegfliegen, oder erwartest du das? Nur gut, daß Olob mehr Verstand hat als du, sonst wären wir schon im Graben gelandet!"

Jetzt schien alles wieder in Ordnung zu sein. Clennen lachte kurz auf und redete wieder. Und wenn Lenina stumm war, so war sie es auf die Art, an die alle gewöhnt waren. Brid und Moril stiegen auch aus dem Wagen, aber sie gingen nicht in Kialans Nähe. Brid war noch zu wütend auf ihn.

Viertes Kapitel

In dieser Nacht schlugen sie ihr Lager in einem der vielen kleinen Täler auf. Die steilen Hänge waren bewaldet, und eine Wiese in der Talsohle umschloß einen friedlichen kleinen See, in dem es von Kaulquappen nur so wimmelte. Dagner und Kialan zogen los, um ihre Schlingen auszulegen, Lenina warf Kräuter ins Feuer, um die Mücken zu vertreiben, und der duftende Rauch zog in Streifen über den See. Brid und Moril ließen sich von Insekten nicht stören und wateten am seichten Ufer herum und fingen Kaulquappen in einem alten Glas. Moril hatte gerade den größten Teil ihrer Beute wieder entkommen lassen, als er bemerkte, daß sein Vater ihnen zusah.

„Ihr solltet ein größeres Glas nehmen", sagte Clennen. „Und ihr solltet euch beide daran erinnern, was ich zu Kialan über Geben und Nehmen gesagt habe."

„*Er* erinnert sich nicht daran", sagte Brid mürrisch.

„Er hat es noch nie erfahren müssen", sagte Clennen. „Das ist sein Problem. Aber es nicht dein Problem, Brid. Zu einem Streit gehören immer zwei."

„Hast du gehört, was er gesagt hat?" fragte Moril aufsässig.

„Ich bin ja nicht taub", sagte Clennen. „Er hat dasselbe Recht auf eine eigene Meinung wie jeder andere. Und es würde dir nicht schaden, Moril, wenn du gelegentlich eine eigene Meinung hättest, anstatt immer Brids zu übernehmen. Und jetzt wasch dir den Schlamm von den Händen, bevor du meine Mandola anfaßt."

Während Moril Unterricht hatte, kam Kialan aus dem Wald und versuchte, Dagner im See das Schwimmen beizubringen. Ihr Herumplanschen lenkte Moril immer wieder von seinem Unterricht ab, und es wurde noch schlimmer, als Kialan auch Brid dazu überreden wollte, schwimmen zu lernen. Brid behauptete, sich vor Blutegeln zu fürchten. Nichts konnte sie dazu bringen, bis über die Knie ins Wasser zu gehen, aber sie erklärte sich bereit, die Armbewegungen zu lernen. Moril hörte sie lachen. Es sah so aus, als versuche Kialan, Freundschaft mit ihr zu schließen.

Moril konzentrierte sich immer weniger auf das, was er tat. Vielleicht war Kialan im Grunde doch nicht so übel – nur taktlos. Moril versuchte, Ordnung in seine Gedanken zu bringen. Es hatte ihn wirklich getroffen, daß Clennen dachte, er übernehme Brids Meinungen. Er war der Ansicht, daß er über die meisten Dinge lange und eingehend – wenn auch etwas unbestimmt – nachdachte. Aber was Kialan und die Ganner-Geschichte betraf, hatte er ohne Zögern Brids Meinung geteilt. Und es sah so aus, als ob Brid sich in beiden Fällen geirrt hatte. Moril wußte nicht mehr, was er denken sollte.

„Eigentlich sollte ich mich inzwischen daran gewöhnt haben, daß du mit deinen Gedanken woanders bist", sagte Clennen. „Möchtest du auch schwimmen?"

„Nein", sagte Moril. „Doch. Ich meine, die Geschichte von Ganner stimmt also?"

„Ehrenwort", sagte Clennen. „Ich hab nur das Gesicht des Burschen vergessen, nicht seinen Namen. Ich schmücke die Sachen vielleicht hier und da ein wenig aus, aber ich erzähle nie eine Geschichte, die nicht wahr ist, Moril. Vergiß das nicht. Und jetzt geh schwimmen, wenn du willst."

Clennen war offensichtlich sehr erleichtert, daß Lenina nicht nach Markind wollte. In dieser Nacht trank er eine Menge Wein, um das zu feiern. Der Spiegel in der großen Flasche war fast bis zum Rand des Strohkorbs gesunken, als Clennen endlich in das größere Zelt stolperte und sofort einschlief. Er schlief immer noch, als Dagner und Kialan am nächsten Morgen loszogen, um nach ihren Schlingen zu sehen. Als Brid und Moril aufstanden, hörten sie ihn schnarchen. Lenina war auf und kämmte sich am Ufer des Sees das helle Haar. Brid kümmerte sich um das Feuer, und Moril versuchte, sich um Olob zu kümmern. Olob war aus irgendeinem Grund reizbar. Er warf immer wieder den Kopf hoch und scheute vor Schatten.

„Was ist los mit ihm?" fragte Moril seine Mutter.

Lenina war mit ihrem Haar beschäftigt und hörte nicht richtig zu. „Keine Ahnung", sagte sie. „Laß ihn nur."

Moril versuchte also nicht länger, Olob zu striegeln, sondern wollte den Striegel in den Wagen zurückbringen. Plötzlich sah er mehrere Männer, die aus dem Unterholz des Waldes hervorbrachen. Es waren sechs. Sie standen in einer Gruppe zusammen und musterten Moril, Brid, die neben dem Feuer auf dem Boden kniete, Lenina am Ufer des Sees, die Zelte und den Planwagen.

„Clennen der Sänger", sagte einer von ihnen. „Wo ist er?"

Olob warf den Kopf zurück und trottete auf den See zu.

„Er ist nicht da", sagte Brid.

Moril hätte die gleiche Antwort gegeben. Die Männer beunruhigten ihn. Es war ungewöhnlich, mitten in der Einöde plötzlich

sechs gutgekleidete Männer aus einem Wald hervorbrechen zu sehen. Sie waren außerordentlich gut gekleidet. Ihre Kleider waren aus feinem Tuch, und alle hatten das gepflegte Aussehen, das vornehme Lebensart mit sich bringt. Alle trugen in einer Scheide aus geschmeidigem Leder ein Schwert über der Jacke, und Moril gefiel es nicht, daß die Schwertgriffe glänzten, als würden sie häufig benutzt. Aber am beunruhigendsten war, daß sie so aussahen, als verfolgten sie ein Ziel – alle sechs. Das Gefühl traf Moril wie ein kalter Windstoß und machte ihm angst.
„Es dauert Ewigkeiten, bis mein Vater zurückkommt", sagte er und hoffte, daß sie gehen würden.
„Dann warten wir auf ihn", sagte der Mann, der nach Clennen gefragt hatte. Er gefiel Moril noch weniger als die anderen. Er war blond und hatte helle Augen, und es stand ein Ausdruck in diesen Augen, der Moril mißtrauisch machte.
Lenina empfand offenbar dasselbe. „Ihr könnt ja eine Nachricht für Clennen hinterlassen", sagte sie und trat mit immer noch offenem Haar näher.
„Sie würde Euch nicht gefallen, meine Dame", sagte der Mann. „Wir werden auf ihn warten."
„Moril", sagte Lenina, „geh auf die andere Seite des Sees und hol deinen Vater."
Moril fand das sehr geschickt von ihr. Es würde die Männer täuschen, und Dagner und Kialan könnten sich vielleicht nützlich erweisen. Er warf den Striegel in den Wagen und machte sich langsam auf den Weg. Aber ausgerechnet in diesem Augenblick entschloß Clennen sich, wie ein Dachs aus dem Zelt zu kriechen. Er richtete sich auf und blinzelte aus roten Augen unter einem Gewirr von Kopf- und Barthaaren hervor.

„Hat jemand nach mir gerufen?" fragte er verschlafen.
Und dann ging alles so schnell, daß Moril kaum begriff, was dort geschah. Die sechs Männer traten geschlossen vor, ihre Schwerter glänzten im Licht der frühen Morgensonne. Eine Zeitlang war Gestampfe zu hören. Clennen, verschlafen wie er war, versuchte offensichtlich, sich zu wehren. Einer der Männer stolperte und fiel mit einem Platscher in den See. Ein zweiter stürzte hinterher. Dann rannten die sechs Männer davon. Einer warf noch einen Blick in Clennens Zelt und in das kleinere. Ein anderer sah im Vorüberlaufen rasch in den Wagen.
„Hier ist nichts!" rief er.
„Dann seht euch im Wald um", sagte der Blonde. Dann waren sie verschwunden.
Clennen lag halb im See, und sein Blut vermischte sich mit dem Seewasser.
Bevor Moril sich von der Stelle rühren konnte, schoß Dagner an ihm vorbei und ließ sich im Wasser neben Clennen auf die Knie fallen. „Haben sie ihn getötet?"
„Nicht ganz", sagte Lenina. „Hilf mir, ihn herauszuholen."
Moril blieb stehen, wo er stand, in einiger Entfernung, und sah, wie sie seinen Vater aus dem unbewegten, sonnenbeschienenen Wasser hoben. Brids Gesicht war grauweiß, und ihre Zähne klapperten. Moril sah, wie Dagners Hände zitterten. Nur Lenina war ganz ruhig und nicht blasser als sonst. Als sie Clennen umdrehten, sah Moril eine Wunde in seiner Brust. Hellrotes Blut strömte aus ihr hervor, schnell wie der Fluß in Dropwater.
Bei dem Anblick begannen die hellen Bäume, der See und der sonnige Himmel vor Moril plötzlich hin- und herzutanzen. Alles wurde unfreundlich und grau und rückte in die Ferne. Er

konnte sich nicht von der Stelle rühren. Er hörte verschwommen, wie die sechs Männer oben im Wald herumtrampelten und einander etwas zuriefen, aber sie hätten ebensogut auf dem Mond sein können, so wenig fürchtete Moril sie. Er starrte aus weit aufgerissenen Augen auf die Gruppe am Wasser.

Lenina riß, ohne die Ruhe zu verlieren, einen breiten Streifen von ihrem Unterrock ab, dann einen zweiten, um das Blut zum Stillstand zu bringen. „Gib mir deinen", sagte sie zu Brid, und während Brid zitternd und bebend den Unterrock auszog, wies Lenina Dagner mit ebenso ruhiger Stimme an: „Hol die kleine Flasche aus dem Wagen."

Nur ein einziges Mal zeigte Lenina eine Spur von Erregung: als beim Anlegen des Verbandes die Haare dazwischenwehten. „Zum Teufel mit dem Haar!" sagte sie. „Brid, binde es mir hinten zusammen."

Brid war noch damit beschäftigt, Leninas Haare zusammenzubinden, als Dagner mit der Flasche angerannt kam. „Glaubst du, daß du ihn retten kannst?" fragte er fast flehentlich, als bitte er Lenina um etwas.

Sie blickte ruhig zu ihm auf. „Nein, Dagner. Ich kann ihn euch nur für eine Weile erhalten. Er wird noch etwas sagen wollen. Das hat er immer gewollt." Sie nahm die Flasche entgegen und entkorkte sie.

Moril fühlte sich elend, als er zusah, wie sie versuchte, Clennen etwas von der Flüssigkeit einzuflößen. Er hatte das Gefühl, es sei nicht gerecht, daß sein Vater so sterben sollte, früh am Morgen, weit weg von allem. Er hätte vorher gewarnt werden müssen. Sterben war etwas, was jemand wie Clennen in angemessener Form tun sollte, vor vielen Zuschauern, möglichst mit Musik.

Musik war natürlich möglich. Ohne zu wissen, wie er dorthin gekommen war, fand Moril sich plötzlich neben dem Wagen. Er kletterte hinauf und ergriff die nächste Mandola. Zufällig war es die große. Unter normalen Umständen hätte Moril nicht gerade diese genommen. Aber er handelte wie in Trance.
Als er sich seinem Vater näherte, sah er, daß Clennen die Augen geöffnet hatte. Und er hatte offensichtlich dasselbe gedacht wie Moril. Mit dumpfer, aber doch ziemlich kräftiger Stimme sagte er: „Das kam aus heiterem Himmel, nicht wahr? Mir wäre es lieber gewesen, wenn man mich gewarnt hätte."
Moril griff in die Saiten und spielte sehr leise die sonderbare, traurige kleine Melodie *Manaliabrids Klage.* Die Mandola ließ sich liebliche Töne entlocken. Das alte Lied schien inniger zu klingen als sonst, es wurde über den See getragen, bis es das ganze Tal erfüllte.
Moril konzentrierte sich so auf die Melodie, daß er nicht viel hörte von dem, was Clennen sonst noch sagte. Seine Stimme war nur noch ein Murmeln, als er mit Brid sprach. Er ergriff ihre Hand, und Brid brach in Tränen aus. Dann sprach er mit Dagner. Inzwischen war seine Stimme sehr schwach geworden. Dagner mußte seinen Kopf ganz nahe zu Clennens Gesicht neigen, um ihn zu verstehen. Moril spielte weiter, so leise er konnte. Er sah, wie Dagner zuhörte und nickte, und fragte sich unbestimmt, was Clennen alles zu sagen haben mochte. Dann blickte Dagner auf und gab Moril ein Zeichen. „Er möchte mit dir sprechen. Beeil dich."
Moril wagte nicht, die Mandola abzunehmen, weil er fürchtete, Zeit zu verlieren. Er schob sie zur Seite, als er neben Clennen niederkniete. Clennens Gesicht war bleich. In seinen Augen

schien sich weder der Himmel zu spiegeln noch Moril, der sich über ihn beugte, obwohl er Moril offensichtlich sehen konnte.

„Hast die große Mandola bei dir, nicht wahr?“ fragte Clennen. Moril nickte. Er konnte kein Wort herausbringen. „Gib gut auf sie acht“, sagte Clennen. „Sie gehört jetzt dir. Wollt sie dir immer geben, Moril, weil ich glaube, daß du die richtigen Voraussetzungen hast. Oder haben wirst. Aber du mußt dich mit ihr einigen, und mit dir selbst. Klar?“ Moril nickte wieder, obwohl ihm überhaupt nichts klar war. „Du bestehst im Augenblick aus zwei Hälften“, fuhr Clennen fort. „Hab ich schon oft gedacht. Laß sie zusammenkommen, Moril, die beiden Hälften, und keiner weiß, was du erreichen kannst. Es steckt eine gewaltige Kraft in dieser Mandola, wenn du sie zu nutzen weißt. Gehörte einmal Osfameron. Hat sie mir vererbt. Ich konnte sie nicht nutzen. Hab nur einmal ihre Kraft gefunden, als ich . . .“ Clennen machte eine Pause und rang nach Atem. Moril wartete, daß er weitersprach, aber es kam nichts. Clennen sah Moril mit geöffneten Augen an, und seine Lippen öffneten sich. Nach einer Weile wurde Moril klar, daß dies alles gewesen war. Er stand auf und brachte die Mandola vorsichtig, sehr vorsichtig, zurück an ihren Platz im Wagen.

Brid weinte laut. Lenina stand hoch aufgerichtet am Seeufer, ruhig wie stets. Dagner schien auf die gleiche Weise in Ruhe erstarrt zu sein. Und Kialan kam um den See herum langsam auf sie zu, ein paar tote Kaninchen in den Händen.

Kialan blieb bei ihnen stehen. Ausnahmsweise schien er einmal nicht zu wissen, was er sagen sollte. „Es – es tut mir schrecklich leid“, sagte er schließlich.

„Es mußte irgendwann einmal geschehen“, sagte Lenina. „Würdest du uns bitte helfen, ein Grab zu schaufeln?“

„Natürlich", sagte Kialan. „Hier?"
„Warum nicht?" sagte Lenina. „Clennen hatte nie eine Heimat, nachdem er Hannart verlassen hatte, und dorthin können wir ihn nicht bringen."
„Gut", sagte Kialan. Er legte die Kaninchen auf den Boden und hob die Spitzhacke, und dann gingen die beiden an die Arbeit.
„Ich glaube, wir sollten die Stelle kennzeichnen", sagte Kialan, während er grub.
„Wie?" fragte Lenina. Sie schien bereit, Kialans Ratschläge zu akzeptieren, als ob Kialan in diesem Augenblick auf seltsame Weise die Verantwortung übernommen habe.
„Ist im Wagen ein Holzbrett?" fragte Kialan.
„Schau mal nach, Moril", sagte Lenina.
Moril zerrte eins der Bretter hervor, die Clennen immer unter dem Boden des Wagens aufbewahrte. Dann löste er Kialan für eine Weile beim Graben ab. Kialan zog sein Messer aus der Scheide und bearbeitete das Brett, schnell und geschickt.
„Gut so?" fragte Kialan, als er fertig war. CLENNEN DER SÄNGER hatte er in sauberen Buchstaben in das Brett geritzt.
„Sehr gut", sagte Lenina.
Dann legten Kialan, Dagner und Brid Clennen ins Grab. Moril konnte den Anblick nicht ertragen, wie sein Vater in das Loch hinuntergelassen wurde, und er konnte auch nicht zusehen, wie sie Erde auf Clennens Gesicht und Kleider warfen. Er holte seine eigene Mandola und spielte leise ein anderes Klagelied, ein neueres, das für einen im Kampf gefallenen Grafen von Dropwater geschrieben worden war. Er spielte weiter, während Brid die Rasenstücke wieder an ihren Platz legte und Kialan das Brett am Kopf des Grabes eingrub. Und jetzt, da nur noch das Grab zu

sehen war, erwachte in Moril das Gefühl, daß etwas fehlte. Sie alle sollten etwas anderes empfinden und tun. Sie sollten zornig sein. Clennen war ermordet worden. Sie sollten versuchen, die Mörder vor Gericht zu bringen. Aber keiner von ihnen dachte daran. Es war völlig unmöglich hier im Süden. Die sechs Männer waren viel zu gut gekleidet gewesen.

„So", sagte Kialan und wischte die Hände an der Jacke ab.

„Danke", sagte Lenina. „Ich muß mich jetzt umziehen. An meinem Kleid sind Blutflecken. Du ziehst dich auch um, Brid. Kialan, ich denke, es wäre besser, wenn du statt deiner Jacke Dagners alte anziehen würdest."

Kialan stimmte zu, obwohl Moril fand, daß das bißchen Erde an Kialans guter Jacke nicht schadete. Als alle sich umgezogen und gesäubert hatten, wies Lenina Dagner an, Olob einzufangen und ihn vor den Wagen zu spannen. Kialan hob die Kaninchen auf.

„Laß sie hier", sagte Lenina. „Wir brauchen sie nicht."

„Nun, im Augenblick habe ich keinen Appetit", sagte Kialan. „Aber . . ."

„Laß sie liegen", sagte Lenina. Kialan fügte sich. Lenina schien jetzt eindeutig die Führung übernommen zu haben. Sie war es, die die Zügel ergriff, als Olob angeschirrt war, und sie führte den Wagen aus dem Tal hinaus. Brid und Moril sahen sich um.

Es war ein wunderschönes Tal. Wahrscheinlich, dachte Moril, ist es ein guter Platz für ein Grab, wenn man schon begraben werden muß. Brid weinte. Dagner blickte nicht zurück. Er hatte sich ebenso tief in Schweigen gehüllt wie Lenina.

Eine Weile ging es nach Norden, bis sie an eine Straße kamen, die nach links abzweigte. In diese Straße lenkte Lenina den Wagen zu Morils Erstaunen.

„He! Wohin fahren wir?" fragte Moril.
„Nach Markind", sagte Lenina.
„Was? Doch nicht zu Ganner?" fragte Brid entrüstet und mitten aus einem Schluchzer heraus.
„Doch. Zu Ganner", sagte Lenina. „Er hat gesagt, wenn ich je frei sein sollte, würde er mich und meine Familie zu sich nehmen, und ich weiß, daß er es ehrlich meint."
„Das kannst du nicht machen!" rief Moril.
„Warum nicht?" fragte Lenina. „Wovon sollen wir deiner Meinung nach leben, ohne Sänger, der für uns Geld verdient?"
„Wir werden es schon schaffen", sagte Moril. „Ich kann singen. Dagner kann . . . Dagner . . ." Seine Stimme wurde leiser, als er sich vorstellte, wie Dagner und er versuchten, eine Vorstellung zu geben. Er glaubte einfach nicht, daß Dagner es schaffen würde. Er wußte nicht, was er sagen sollte, und schwieg, weil er Dagner nicht verletzen wollte. Aber Dagner schien gar nicht zuzuhören.
„Vater würde es nicht gern sehen, daß wir nach Markind fahren", sagte Moril schließlich. Dessen war er sich wenigstens sicher.
„Ich glaube nicht, daß dein Vater jetzt noch viel mitzureden hat", antwortete Lenina. „Nimm das zur Kenntnis, Moril. Ich weiß sehr gut, daß dein Vater ein guter Mensch war. Und er war der beste Sänger in Dalemark. Ich habe ihm gegenüber siebzehn Jahre lang meine Pflicht erfüllt. Das ist die Hälfte meines Lebens, Moril. Ich bin barfuß gelaufen und habe gelernt zu kochen und Musik zu machen. Ich habe in einem Planwagen gelebt, bei jedem Wetter, und ich habe mich nie beklagt. Ich habe geflickt und saubergemacht und euch alle versorgt. Dein Vater hat

manchmal Dinge getan, mit denen ich ganz und gar nicht einverstanden war, aber ich habe nie mit ihm gestritten oder mich ihm widersetzt. Ich habe in jeder Weise meine Pflicht erfüllt, und ich brauch mir keine Vorwürfe zu machen. Aber jetzt ist Clennen tot, und ich bin frei, das zu tun, was ich möchte. Was ich tue, steht mir von Geburt an zu, und dir auch. Verstehst du?"
„Ich glaube, ja", murmelte Moril. Lenina hatte noch nie zuvor so mit ihm gesprochen. Er war erschrocken und entsetzt über die Erkenntnis, daß sie ihre wahren Gefühle ständig unterdrückt haben mußte. Er fand es nicht richtig, aber er hätte nicht sagen können, warum. Er fand ihre Ansichten völlig falsch, aber ihm fehlten die Worte, das auszudrücken. Er konnte nur erschrokkene, hilflose Blicke mit Brid wechseln.
Schließlich sprach Kialan. „Sicher steht es mir nicht zu, Einwände zu machen", sagte er verlegen. „Aber ich *muß* nach Hannart, Lenina."
„Ich weiß", sagte Lenina. „Daran habe ich schon gedacht. Vorläufig kannst du als einer meiner Söhne gelten, und ich werde versuchen, so schnell wie möglich jemanden zu finden, der dich in den Norden bringt, das verspreche ich. Hestefan hält sich augenblicklich im Süden auf, das weiß ich, und vielleicht ist auch Fredlan hier."
Kialan sah gleichzeitig ärgerlich und verlegen aus. „Aber Ganner muß doch wissen, wie viele Kinder Ihr habt!"
„Das glaube ich nicht", sagte Lenina gelassen. „Leute, die selbst keine Kinder haben, geben sich nie die Mühe, die Kinder anderer Leute zu zählen. Wenn er Fragen stellt, werde ich sagen, daß du krank warst und wir dich in Fledden zurückgelassen hatten."

Kialan seufzte. „Also gut. Jedenfalls vielen Dank.“

„Vergeßt das nicht“, sagte Lenina zu Moril, Brid und Dagner, und Moril hatte ein komisches Gefühl, weil Clennen so oft „Vergiß das nicht“ gesagt hatte. „Kialan ist euer Bruder. Falls irgend jemand fragen sollte: Er ist in Fledden krank geworden.“

Olob trottete auf Markind zu. Er sieht auch nicht gerade glücklich aus, dachte Moril. Er fühlte sich selbst so elend, daß er es fast hören konnte, wie ein Dröhnen in den Ohren. Er konnte sich nicht hinter Geistesabwesenheit verstecken, sosehr er es auch versuchte. Er spürte, wie er alles hellwach und aufmerksam wahrnahm, angefangen bei den Blättern in der Hecke bis zur Form von Kialans Nase. Kialans Adlernase unterschied sich so sehr von Dagners, Brids oder Morils Nase, daß sicher jeder mit einem Blick erkennen konnte, daß sie nicht miteinander verwandt waren. Warum sollte er überhaupt mit ihnen verwandt sein? Und hatte Clennen gewußt, daß Kialan nach Hannart wollte? Clennen wäre nicht nach Hannart gefahren, weil er nie dorthin fuhr. Und warum hatten die sechs Männer Clennen getötet? Wer waren sie, und was hatten sie im Wald gesucht? Und warum, warum, warum vor allen Dingen, warum hatte Clennen Moril eine Mandola gegeben, die er gar nicht haben wollte?

Ich werde sie nie spielen, dachte Moril. Ich werde sie polieren und vielleicht von Zeit zu Zeit stimmen, aber ich möchte sie nie spielen. Ich weiß, daß ich dankbar sein sollte, weil sie sehr wertvoll ist. Aber ich mag sie nicht und ich will sie nicht.

An der anderen Seite des Tales kam Markind in Sicht. Zuerst betrachtete Moril den Ort so, wie er jede neue Stadt betrachtete. Verschlafen und ehrbar, dachte er. Schlechte Einnahmen. Dann fiel ihm ein, daß er nicht zum Singen herkam, sondern um hier

zu leben. Er gab sich große Mühe, die Ansammlung gelblichgrauer Häuser mit Interesse zu begutachten. Aber er merkte, daß ihn die scheußlich gefleckten Kühe, die auf den kleinen Weiden vor der Stadt grasten, mehr interessierten.
Lenina blickte mit Wohlgefallen auf die Kühe. „Diese Flecken haben mir schon immer gut gefallen", sagte sie. Sie ließ Olob schneller traben, und die grauen und gelben Häuser kamen rasch näher. Moril spürte, wie ihm das Herz schwer wurde – und er hatte gedacht, daß es schon schwer genug gewesen war.
Bald kamen sie in eine enge Straße, die mit Kies bestreut war. Sie schlängelte sich zwischen stillen alten Häusern hindurch. Die Fensterläden der Häuser waren verschlossen. Es waren nur sehr wenig Menschen unterwegs. Auch auf dem Marktplatz, wo unter den hohen Platanen Marktstände aufgebaut waren, sahen sie nur wenige Leute, und all diese ernsthaften Bürger betrachteten den bunten Wagen außerordentlich mißbilligend. Lenina fuhr an ihnen vorbei, ohne nach rechts oder links zu schauen. Vor einer gewölbten Toreinfahrt brachte sie Olob zum Stehen. Zwei Männer, die das Tor zu bewachen schienen, starrten den Wagen offensichtlich erstaunt an.
„Kommt Ihr in einer bestimmten Angelegenheit?" fragte einer von ihnen Lenina.
„Gewiß", entgegnete Lenina hochmütig. „Geht und sagt Ganner Sagersson, daß Lenina Thornstochter hier ist."
Das Staunen der Männer wuchs. Aber einer verschwand hinter der dicken gelben Mauer. Der andere blieb und musterte mit gerunzelter Stirn Lenina, ihre Familie und den Wagen.
„Wollen wir wetten, daß man uns mitteilt: Danke, heute nicht?" flüsterte Brid.

„Sei still, Brid!“ sagte Lenina. „Und benimm dich anständig!“
Brid hätte ihre Wette verloren. Der Mann, der mit der Botschaft losgezogen war, kam zurückgelaufen, und hinter dem Tor waren schnelle Schritte von mehreren Leuten zu hören. Die beiden Flügel des Tores öffneten sich weit.
„Fahrt bitte hinein“, sagte der Mann.
Lenina lächelte liebenswürdig und lockerte die Zügel. Olob zog an, Mißbilligung in jeder Linie seiner Ohren und seines Rückens, und brachte sie in einen schmalen, tiefen Hof, der von neugierigen Gesichtern umsäumt war. Ganner stand mitten auf dem Hof.
„Willkommen, Lenina!“ sagte er. „Ich hätte nie gedacht, daß ich dich so bald wiedersehen würde. Was ist passiert?“
„Clennen wurde heute morgen von ein paar Männern umgebracht“, sagte Lenina.
„Das kann doch nicht sein!“ rief Ganner aus. Dann blickte er etwas besorgt und fragte: „Heißt das, daß es in meinem Lordtum geschehen ist?“
„Ja“, sagte Lenina. „Bei Medmer.“
„Ich schicke einige meiner Aufseher hinüber, damit sie Nachforschungen anstellen“, sagte Ganner. „Aber steigt ab und kommt herein. Sind das deine Kinder?“
„Meine drei Söhne und meine Tochter“, sagte Lenina.
„So viele!“ sagte Ganner etwas erschrocken. Aber er lächelte sie alle vier höflich an. „Ich werde alles für euch tun“, sagte er. Moril konnte Ganner einfach nicht abscheulich finden, sosehr er es sich auch vorgenommen hatte. Es war deutlich zu spüren, daß er es gut meinte. Wenn er mir wie ein sehr mittelmäßiger Mensch vorkommt, dann kann ich das kaum Ganner anlasten, dachte Moril. Das liegt sicher daran, daß ich an Clennen gewöhnt bin.

„Viel Ähnlichkeit mit einer Gans hat er nicht", flüsterte Brid etwas enttäuscht. Kialan mußte sich auf die Lippen beißen. Moril sah zu, wie Ganner Lenina vom Wagen herunterhalf. Er lächelte sie auf eine Weise an, die zeigte, wie sehr er sie verehrte.
„Oje, oje!" rief Ganner aus, als sie alle heruntergeklettert waren. „Könnt ihr euch nur ein Paar Stiefel leisten?"
Lenina blickte an der Reihe von nackten Füßen entlang, die nur durch Kialans abgestoßene Stiefel unterbrochen wurde. „Gewöhnlich legen wir keinen besonderen Wert auf Schuhe", erklärte sie. „Aber Collen hat empfindliche Füße."
„Ich muß dafür sorgen, daß ihr alle sofort Schuhe bekommt!" sagte Ganner besorgt.
„Weißt du, ich glaube, er könnte doch eine Gans sein", sagte Brid zufrieden.

Fünftes Kapitel

Nachmittags fragte Moril sich, ob sie Clennen tatsächlich erst heute morgen am See begraben hatten. Es kam ihm wie ein Jahrhundert vor. So viel hatte sich verändert. Nach einem guten Frühstück und nachdem ein Schneider, ein Schuhmacher und Ganners alte Kinderfrau sich um sie gekümmert hatten, erkannte Moril sich kaum noch wieder. Er schaute in einen Spiegel, und weil er selten Gelegenheit gehabt hatte, in einen Spiegel zu sehen, tat er es lange und gründlich. Er sah einen sorgfältig gekämmten rothaarigen Jungen in einem blauen Anzug und weichen, rostfarbenen Stiefeln. Die Stiefel gefielen ihm außerordentlich gut. Aber er sah kein bißchen so aus wie das Bild, das er von sich selbst hatte. Dagner und Kialan waren zu vornehmen jungen Herren in ähnlichen blauen Anzügen geworden, und Brid war eine junge Dame in Kirschrot. Sie verhielten sich alle vier sehr zurückhaltend und höflich, nicht weil Ganner es von ihnen verlangt hätte – sondern weil Markind einfach ein Ort war, wo man sich gar nicht anders benehmen konnte.

Am meisten hatte sich Lenina verändert. Auch sie war prächtig gekleidet. Ihr Haar trug sie wie eine feine Dame, und ihre Wangen hatten mehr Farbe als gewöhnlich. Sie lachte und schwatzte und war sehr beschäftigt. Moril hatte sie noch nicht oft lachen gesehen und erst recht nicht so gesprächig. Sie war ein ganz neuer Mensch. Es beunruhigte ihn. Es beunruhigte ihn viel

mehr als die Tatsache, daß sie Ganner noch am selben Abend heiraten würde.
Moril mochte Ganner ganz gern. Ganner hatte ihnen erlaubt zu tun, was ihnen Spaß machte, und hinzugehen, wohin sie wollten. Er war ein sehr gutmütiger Mann. Auch die anderen Leute im Haus gefielen Moril, besonders Ganners alte Kinderfrau. Sie machte ziemlich viel Aufhebens von allem, und sie sagte reichlich oft, sie habe immer gewußt, daß Lenina Thornstochter zu ihnen zurückkommen würde, aber sie nannte Moril „mein Lämmchen".
Moril nahm Ganner beim Wort und erkundete das Haus. Er stieß auf zwei Gärten und auf die Küchenräume. Er sah sich den Keller und die kleinen Kammern unterm Dach an, aber nach jedem Erkundungsgang zog es ihn wieder zu den Ställen. Der Planwagen war in einem Schuppen abgestellt worden, mit Weinflasche, Musikinstrumenten und allem anderen, bis zu dem Ring aus Zwiebeln unter dem Kutschbock. Nichts war verändert, doch aus irgendeinem Grund wirkte er schon jetzt kleiner und staubiger und ein bißchen zerschlissen. Moril verbrachte viel Zeit bei Olob. Der stand niedergeschlagen in einem Stall in der Nähe und schien sich über seine Gesellschaft zu freuen. Moril stahl in der Küche Zucker für ihn. Das war ganz einfach, weil dort wegen der Vorbereitung für das Hochzeitsessen große Aufregung herrschte. Olob aß den Zucker höflich auf, sah aber weiterhin traurig aus und schwitzte ziemlich stark.
„Armer Bursche", sagte Moril. „Mir ist auch heiß. Wir sind es nicht gewohnt, in einem Haus zu sein – daran liegt's."
Das Eingezwängtsein zwischen Wänden bedrückte ihn so, daß er sich fragte, ob er nicht einen Spaziergang machen sollte. Aber

Markind hatte nicht den Wunsch in ihm geweckt, es näher kennenzulernen. Er trieb sich durch Haus, Ställe und Gärten. In einem der Gärten traf er Brid. Sie mußte sich ähnlich fühlen wie er, denn sie hatte ihre kirschroten Stiefel ausgezogen und ließ ihre Füße in einen der Goldfischteiche hängen.
Sie lächelten einander traurig und höflich zu, und Moril ging weiter in den zweiten Garten. Hinter sich hörte er Ganner sagen: „Mein liebes Kind! Du wirst dir den Tod holen! Trockne dir bitte die Füße ab und zieh deine Stiefel wieder an. Deine Mutter wird sich Sorgen machen."
Brid tat Moril leid. Dann tat er sich selbst plötzlich noch viel mehr leid. Er sehnte sich danach, woanders zu sein, irgendwo im Freien. Er blickte sich nach allen Seiten um und entdeckte eine kräftige Kletterpflanze, die sich an einer der dicken gelben Wände des Hauses hinaufrankte. Das brachte ihn auf eine Idee. Er zog sich an der Mauer hoch und begann zu klettern.
Es war ganz einfach. Oben landete er auf einem breiten, flachen Bleidach. Es war herrlich. Moril blickte sich aufatmend um, in die Stadt hinunter, über das Tal hinweg, nach Norden und zu den nebelverhangenen blauen Gipfeln. Dorthin wäre er gern gefahren, und dorthin würde Kialan – beneidenswerter Kialan! – bald gehen. Aber diese Gedanken stimmten ihn traurig. Er spazierte an der Dachkante entlang und schaute hinunter in die Gärten. Er gelangte zu einem anderen Flügel des Gebäudes und blickte in einen anderen Innenhof.
Und dort stand Ganner. Er fuchtelte entsetzt mit den Armen. „Komm herunter! Komm sofort herunter!"
Gehorsam schwang Moril die Beine über die Dachkante und wollte am Abflußrohr hinunterklettern.

Ganner brachte ihn mit einem rauhen Schrei zum Innehalten. „Nein! Halt! Willst du dir das Genick brechen? Warte!" Er lief fort und kam nach kurzer Zeit mit einigen Männern zurück, die eine Leiter trugen. Sie wurden begleitet von einer Gruppe aufgeregter Mägde und der alten Kinderfrau.

„Mein Lämmchen! Oh, mein Lämmchen!"

Moril saß traurig auf der Dachkante, ließ die Beine baumeln und sah zu, wie sie alle mit der Leiter herumfuhrwerkten. Er wußte jetzt, was mit Ganner nicht stimmte. Er war ein Aufreger, einer, der sich immer aufregte.

Schließlich schlug die Leiter neben Moril gegen die Mauer. „Du kannst jetzt runterkommen", rief Ganner. „Sei vorsichtig!"

Moril seufzte und stieg auf die Leiter. Aus reinem Trotz kletterte er sehr langsam hinunter. Er beschloß, zu Ganner zu sagen: „Aber Ihr habt doch gesagt, ich könne hingehen, wo ich will." Er mußte nur weit genug unten sein, damit es auch wirkte. Aber als er dachte, es sei soweit, und sich umdrehte, sah er einen Mann durch die Pforte in den Innenhof kommen. Einen blonden Mann mit hellen, wenig vertrauenerweckenden Augen, der einen Moment lang stockte, als er Moril entdeckte. Dann zuckte er leicht mit den Schultern, schlenderte zu Ganner und sagte etwas zu ihm. Nach einem kurzen Wortwechsel mit Ganner verließ er gemächlich den Innenhof.

Moril vergaß, was er hatte sagen wollen. Statt dessen fragte er, kaum, daß er den Boden erreicht hatte: „Wer war der Mann, der gerade eben hier war?"

Ganner sah verlegen aus, so verlegen, daß Morils Magen sich zusammenzog. Er fühlte sich elend. „Oh ... Hm ... Nur einer von meinen Gästen", stotterte Ganner. „Jetzt hör mal zu: Du

hast auf dem Dach nichts zu suchen! Es ist zu hoch, und die Bleiplatten sind absolut nicht sicher. Du hättest dir das Genick brechen können!"
„Das Genick brechen, mein Lämmchen!" wiederholte Ganners Kinderfrau.
Und dann hielt sie Moril abwechselnd mit Ganner eine lange Strafpredigt. Moril hörte gar nicht hin. Die beiden hätten in jedem Fall geschimpft, aber Moril war ziemlich sicher, daß Ganner nur deswegen schimpfte, weil er nicht über den blonden Mann sprechen wollte. Dabei wollte Moril gar nicht über ihn sprechen. Er hatte nur einen Gedanken: hier wegzukommen und Lenina zu suchen.
Lenina hielt sich im großen Saal auf. Wahrscheinlich war es der Raum, in dem Clennen vor siebzehn Jahren gesungen und dann Ganner überlistet hatte. Hier wurden die Tische für das Hochzeitsessen gedeckt. Lenina überwachte die Arbeit und tat so, als habe sie ihr ganzes Leben nichts anderes gemacht. Moril mußte sie am Ärmel ziehen, damit sie ihm zuhörte.
„Mutter! Einer von den Männern, die Vater umgebracht haben, ist hier im Haus."
„Oh, Moril, stör mich nicht mit unsinnigen Geschichten!" sagte Lenina ungeduldig.
„Aber ich habe ihn gesehen!" sagte Moril.
„Du mußt dich geirrt haben", sagte Lenina. Sie entzog ihm ihren Ärmel und ging zurück zu den Tischen.
Moril stand mitten im Saal, verstört und beunruhigt. Er merkte, daß seine Mutter ihm nicht glauben *wollte.* Sie hatte mit Clennen und diesem ganzen Teil ihres Lebens abgeschlossen und wollte nicht mehr daran erinnert werden. Doch wenn Ganner etwas mit

der Ermordung Clennens zu tun hatte, sollte sie ganz gewiß nicht ausgerechnet hier sein. Keiner von ihnen sollte hier sein. Moril warf einen Blick auf die heitere, geschäftige Lenina, schüttelte niedergeschlagen den Kopf und machte sich auf die Suche nach Brid.

Brid kam ihm aus dem Garten entgegen. „Moril . . .!"

„Einer von den Männern, die Vater umgebracht haben", sagte Moril, „ist hier im Haus."

„Ich weiß. Ich habe ihn gesehen", sagte Brid. „Hast du versucht, es Mutter zu sagen?"

„Ja, sie wollte nicht auf mich hören."

„Auf mich auch nicht", sagte Brid. „Ich glaube, sie will es nicht wissen. Moril, was sollen wir tun? Wir können doch nicht hier bleiben! Glaubst du, daß Ganner Vater hat töten lassen?"

Moril dachte darüber nach. Ihm fiel ein, daß Ganner zwar offensichtlich sehr erfreut über Leninas Ankunft gewesen war, aber vielleicht nicht besonders überrascht. „Ich weiß es nicht. Er *könnte* es getan haben. Nur scheint er ein bißchen zu zimperlich, um an so etwas zu denken, findest du nicht?" fragte er nachdenklich.

„Und wenn es ihm so nahe gegangen ist, daß Vater ihm Mutter weggenommen hat – warum hat er es dann nicht schon vor Jahren getan?" sagte Brid. „Aber es ist mir egal, ob er es nun getan hat oder nicht. Ich bleibe nicht in diesem Haus, das ist sicher."

„Mutter wird bleiben", sagte Moril. „Ich fürchte, das ist auch sicher."

„Dann müssen wir eben ohne sie zurechtkommen", sagte Brid. „Ich kann kochen, und wir haben jetzt gute Kleider. Schade, daß ich nicht besonders gut auf der Drehleier spiele."

Moril hatte gar nicht das Gefühl, als hätten sie eine Entscheidung getroffen. Es war eher so, als hätte er die ganze Zeit gewußt, daß sie fortgehen würden. „Aber schaffen wir das alles?" fragte er. „Können wir Vorstellungen ohne Dagner geben?"
„Dagner muß auch mitkommen", sagte Brid. „Er muß einfach. Er ist Vaters Erbe, und es ist eigentlich seine Pflicht. Außerdem sollte er ebensowenig wie wir hierbleiben. Wenn es noch die alten Zeiten wären, hätte er Vater rächen müssen."
Moril hatte seine Zweifel. Was immer Brid auch für Dagners Pflicht hielt – Moril war ziemlich sicher, daß Dagner bei Lenina würde bleiben wollen. Er ahnte, daß Dagners Verhältnis zu seiner Mutter immer enger gewesen war als das zu Clennen. Und wie konnte Dagner ein Sänger werden, wenn er bei jeder Vorstellung verängstigt und nervös war?
„Ich weiß, was du denkst", sagte Brid. „Aber ich werde mit Dagner fertig. Ich werde immer mit ihm fertig, wenn keine Eltern in der Nähe sind und sich einmischen."
„Komm, wir suchen ihn", sagte Moril.
Beide hatten Dagner schon seit einiger Zeit nicht mehr gesehen. Da sie keine Ahnung hatten, wo sie mit dem Suchen anfangen sollten, schien es ihnen ganz natürlich, bei den Ställen zu beginnen.
Und dort fanden sie ihn. Er putzte Olobs Geschirr, und Kialan half ihm dabei. Sie sahen beide etwas verlegen aus, als Moril und Brid in den Stall kamen.
Moril beschloß, den Stier bei den Hörnern zu packen. „Wir nehmen den Wagen und verschwinden", sagte er. „Kommt ihr mit?"
Kialan war offensichtlich völlig überrascht und sah Moril empört an, wie jemand, der seinen eigenen Ohren nicht traut.

„Ich muß sowieso fahren", sagte Dagner ruhig. „Vater hat mich gebeten, Kialan nach Hannart zu bringen. Aber es ist nicht nötig, daß ihr beide mitkommt."
„Und ob das nötig ist!" sagte Brid. „Einer von den Männern, die Vater umgebracht haben, hält sich in diesem Haus auf. Wenn das kein Grund ist, nenn mir einen besseren!"
Dagner und Kialan wechselten einen Blick, und Kialan verzog den Mund. „Stimmt das?" fragte Dagner Moril.
„Ich habe ihn auch gesehen", sagte Moril. „Der Blonde mit den sonderbaren Augen. Aber ihr habt sie nicht gesehen, oder . . .?"
„Doch", sagte Dagner. „Wir waren im Wald. Der Blonde war ihr Anführer. Kialan, ich denke, damit wäre die Sache entschieden, meinst du nicht? Wir machen uns lieber gleich auf den Weg, sobald ich mich von Mutter verabschiedet habe."
„Du bist verrückt!" sagte Moril. „Mutter erzählt es sofort Ganner, und der stellt sich dermaßen an, daß er uns mit Sicherheit festhält."
Kialan und Dagner wechselten wieder einen Blick. „Da ist was dran, Dagner", sagte Kialan. „Ganner ist eine schreckliche alte Jungfer. Er wird uns sowieso verfolgen. Was hältst du davon, wenn wir warten, bis das Hochzeitsessen angefangen hat? Dann ist er zu beschäftigt und merkt gar nicht, daß wir weg sind."
Dagner dachte nach. „Nein", sagte er schließlich. „Nein, das können wir nicht riskieren. Nicht wenn dieser andere Bursche im Haus ist. Also los!" Er wies mit dem Kopf zum Ende des Hofes. Dort war ein großes altes Tor in der Mauer. „Wir haben festgestellt, daß es auf eine der hinteren Gassen geht. Schiebt ihr beide die Riegel zurück. Ich schirr inzwischen Olob an. Aber öffnet das Tor erst, wenn ich fertig bin."

Kialan half Dagner, den Wagen aus dem Schuppen zu ziehen und Olob rückwärts zwischen die Deichselstangen zu führen. Brid und Moril mühten sich mit den Riegeln ab. Sie waren verrostet und schwer zu bewegen.
„Fertig", sagte Dagner, und gleichzeitig öffneten Brid und Moril das Tor. Olob tänzelte vor Freude, daß er wieder seine gewohnte Arbeit tun konnte. Brid sprang behende in den Wagen hinauf und zog als erstes die Stiefel aus. Der Wagen rumpelte durchs Tor und knirschte über den Kies auf der Gasse. Moril blieb im Hof und verriegelte das Tor wieder sorgfältig. Er war sehr zufrieden mit seiner Arbeit, denn das Tor sah so aus, als wäre es nie geöffnet worden. Er nahm einen Anlauf und sprang am Tor hoch, klammerte sich oben fest und hangelte sich auf die dicke Mauer. Kialan stand im Wagen bereit, um ihm beim Herunterspringen zu helfen.
„Gute Idee", sagte er. „Hoffentlich verliert Ganner eine Menge Zeit, wenn er versucht herauszukriegen, welche Richtung wir eingeschlagen haben."

Sechstes Kapitel

Am Spätnachmittag schien Markind menschenleer. Sie klapperten durch die Straßen mit den geschlossenen Fensterläden, und Moril hatte den Eindruck, als sei niemand da, dem selbst ein so auffälliger Wagen wie ihrer auffallen könnte. Trotzdem war Dagner verkrampft, als müsse er eine Vorstellung geben. Er bog in den nächstbesten schmalen Weg ab, der nach Norden führte, und schaute sich immer wieder nervös um.

Olob trappelte vergnügt voran. Die Sonne schien warm und mild. Moril saß glücklich lächelnd da und lauschte dem vertrauten Klappern von Olobs Hufen, dem Schwappen des Weins in der großen Flasche hinter ihm und dem Gesang der Amseln in den Apfelbäumen. Dies war das Leben! Ein Kuckuck erhob seine Stimme und übertönte die Amseln.

„Oh – oh!" sagte Brid. Tränen kullerten ihr über die Wangen. „Vater hat zu mir gesagt – am See –, daß er in diesem Jahr noch keinen Kuckuck gehört habe. Und wie traurig er sei, daß er ihn nicht mehr hören werde." Ihr Gesicht verzog sich, und die Tränen liefen noch schneller. „Er hat gesagt, ich solle auf dem Weg nach Norden auf den Kuckuck achten für ihn. Und Mutter fährt geradewegs nach Markind! Wie konnte sie nur!"

„Sei still, Brid", sagte Dagner.

„Ich kann nicht still sein!" rief Brid. „Wie konnte sie nur! Ganner ist so dumm. Wie *konnte* sie nur!"

„Wirst du jetzt den Mund halten!" sagte Dagner. „Du verstehst das nicht."
„Doch verstehe ich es!" rief Brid. „Ganner und Mutter haben Vater ermorden lassen – so ist das gewesen!"
„Red nicht solchen zum Himmel schreienden Unsinn!" sagte Kialan scharf. „Keiner von beiden hat etwas damit zu tun."
„Woher willst *du* das wissen?" Brid weinte. „Warum ist sie direkt zu Ganner gegangen, einfach so?"
„Weil sie es schon immer wollte natürlich!" sagte Dagner. „Sie hat es nur nicht getan, weil sie es für unrecht hielt. Ich hab dir ja gesagt, daß du es nicht verstehst", fuhr er mit merkwürdig erregter Stimme fort. „Du bist zu jung, um so was zu bemerken. Aber ich habe gesehen – Genug, um zu wissen, daß Mutter das Leben im Planwagen haßte. Sie ist nicht damit aufgewachsen wie wir. Es ging ganz gut, als wir im Haus des Grafen von Hannart lebten – wir hatten ein Dach überm Kopf, und es gefiel ihr. Aber – wahrscheinlich wirst du dich nicht mehr erinnern . . ."
„Nicht sehr gut", gab Brid schniefend zu. „Ich war erst drei, als wir weggingen."
„Aber ich erinnere mich", sagte Dagner. „Vater bestand darauf fortzugehen, obwohl er wußte, daß Mutter es nicht wollte. Sie mußte uns im Planwagen aufziehen und sauberhalten und kochen – dabei hatte sie das alles nie gelernt. Manchmal war kein Geld da – na ja, Vater machte noch andere Sachen, die ihr nicht gefielen. Aber Vater setzte sich immer durch. Mutter hatte nie etwas zu sagen. Sie machte nur die Arbeit. Dann hat sie nach all den Jahren Ganner in Derent wiedergesehen. Sie hat mir erzählt, wie sie sich plötzlich an ihr früheres Leben erinnerte und wie schrecklich sie sich fühlte. Ich kann es ihr einfach nicht übel-

nehmen, daß sie dahin zurückgekehrt ist. Du siehst doch, daß Ganner sie nicht herumkommandiert, wie Vater es tat."

„Vater hat sie nicht herumkommandiert!" protestierte Brid. „Er hat ihr sogar angeboten, sie zu Ganner zurückzubringen!"

„Ja, und einen Augenblick lang dachte ich, Mutter würde ihn beim Wort nehmen", sagte Dagner. „Er wußte genau, daß sie nicht gehen würde, aber für eine Weile war er ganz schön unsicher, nicht wahr? Und dann hat er versucht, sie zu überzeugen, wieviel gescheiter als Ganner er sei."

„Das war eben seine Art", sagte Brid.

„Es war eben alles seine Art", sagte Dagner. „Hör mal, Brid, ich möchte Vater genausowenig schlechtmachen wie du, aber manchmal konnte er einen – verrückt machen. Und wenn du mal richtig darüber nachdenkst, mußt du doch zugeben, daß er und Mutter überhaupt nicht zueinander paßten."

Moril hörte erstaunt zu. Es sah Dagner gar nicht ähnlich, soviel zu reden. Und wie brachte Dagner es fertig, Dinge auszudrükken, die er, Moril, schon immer gewußt, bis zu diesem Augenblick aber nicht deutlich erkannt hatte? „Denkst du denn, daß Mutter Vater überhaupt nicht gern hatte?" fragte er zaghaft.

„Nicht so wie wir", sagte Dagner.

„Warum ist sie dann mit ihm davongelaufen?" fragte Brid triumphierend, als sei die Sache damit entschieden.

Dagner betrachtete die Apfelbäume am Straßenrand. „Ich bin nicht sicher", sagte er, „aber ich glaube, diese Mandola da hatte etwas damit zu tun."

Moril drehte sich um und warf einen Blick auf den glänzenden Bauch der alten Mandola. „Warum glaubst du das?" fragte er ängstlich.

„Mutter hat einmal so etwas gesagt", antwortete Dagner. „Und Vater hat dir doch gesagt, daß Kraft in ihr steckt, nicht wahr?"

„Das stimmt wahrscheinlich, wenn sie einmal Osfameron gehört hat", bemerkte Kialan sachlich.

„Sei nicht albern! So alt kann sie nicht sein!" protestierte Moril.

„Osfameron hat vor nicht ganz zweihundert Jahren gelebt", sagte Kialan, und er schien es wirklich zu wissen. „Er wurde geboren im Jahr, in dem König Labbard starb, daher kann es nicht länger zurückliegen. Sicherlich könnte eine Mandola so alt werden, wenn sie gut gepflegt wird. Wir – ich habe eine gesehen, die vierhundert Jahre alt ist. Sie sah allerdings aus, als würde sie zerfallen, wenn man sie nur anhauchte."

Moril warf einen noch ängstlicheren Blick auf die ruhige, edle Form der alten Mandola. „Ich glaub nicht dran!"

„Nun", sagte Dagner scheu, „man gewöhnt sich daran, zu denken daß es solche Kräfte nur vor langer Zeit gab. Aber hattest du nicht auch den Eindruck, daß du Vater heute morgen mit Kraft der Mandola am Leben erhalten hast?" Moril starrte Dagner mit offenem Mund an. „Ich hatte das Gefühl", sagte Dagner. „So wie heute morgen hat sie noch nie geklungen. Und – und nachdem du aufhörtest, ist Vater furchtbar schnell gestorben, nicht wahr?"

Moril war entsetzt. „Was um alles in der Welt soll ich mit einem solchen Ding anfangen?" Er wimmerte beinahe.

„Ich weiß es nicht. Vielleicht lernen, damit umzugehen", sagte Dagner. „Ich muß sagen, ich bin erleichtert, daß Vater sie nicht mir gegeben hat."

Alle hingen ihren Gedanken nach. Brid schniefte immer noch. Olob warf einen Blick auf die untergehende Sonne und beschloß, ihnen einen Lagerplatz zu suchen. Dagner brachte ihn davon ab. Dreimal gestattete er Olob nicht, die Straße zu verlassen, bis Olob es kapiert hatte. Sie fuhren weiter und weiter, bergab, bergauf, durch kleine Täler, Wiesen und Obstgärten. Der Himmel verfärbte sich von Blau zu Rosa und von Rosa zu Purpur, und schließlich konnte Brid es nicht mehr ertragen.

„Laß uns doch anhalten, Dagner! Der Tag heute kommt mir lang wie hundert Jahre vor!"

„Ich weiß", sagte Dagner. „Aber ich möchte einen sicheren Vorsprung haben."

„Glaubst du, daß Ganner uns tatsächlich verfolgen wird?" fragte Moril. „Er sollte froh sein, daß wir weg sind. Dann braucht er sich nicht mehr über Dächer und so was aufzuregen."

„Er kann nicht anders", sagte Kialan. „Ein Mann mit einem Gewissen – das ist unser Ganner. Vermutlich wird er seine Aufseher heute abend losschicken und sich morgen früh selbst auf den Weg machen. Das ist es, was ... Ich meine, wenn es sich nur um Dagner und mich gehandelt hätte, würde er ..."

„Nur weiter. Sag's schon. Du findest, Moril und ich hätten nicht mitkommen sollen", sagte Brid böse.

„*Gesagt* habe ich das nicht!" sagte Kialan bissig.

„Nur gemeint", sagte Brid.

„Nein, hat er nicht", sagte Dagner. „Stell dich nicht so dumm an, Brid. Schau mal, ich bin fortgefahren, ohne es Mutter zu erklären, und selbst wenn ich es erklärt hätte, hätte sie nicht zugelassen, daß ihr mitkommt. Darum wird sie Ganner sicher hinter uns herschicken. Wenn er uns einholt, müßt ihr zurück, fürchte ich."

„Auf keinen Fall!" sagte Brid, und Moril hatte die gleichen rebellischen Gefühle.

„Darum hoffe ich, er holt uns nicht ein“, sagte Dagner. „Ich glaube nämlich nicht, daß ich es allein schaffe, eine Vorstellung zu geben.“

Das besänftigte Brid. Sie beklagte sich nicht mehr, obwohl sie weiterfuhren, bis es fast dunkel war. Dann endlich ließ Dagner Olob einen Platz auf dem Gipfel eines Hügels auswählen. „Hier zieht's“, schimpfte Brid, während sie sich abmühte, das Zelt im böigen Halbdunkel aufzuschlagen.

„Aber von hier oben können wir sehen, wenn jemand kommt“, sagte Dagner.

„Und außerdem gibt es hier Disteln. Ich bin gerade auf eine getreten“, jammerte Brid.

„Zieh doch deine neuen Stiefel an!“ sagte Kialan ärgerlich.

„Das geht nicht! Ich würde sie ruinieren“, sagte Brid empört.

Kialan brüllte vor Lachen, und Brid wurde auch ein bißchen heiterer. Sie blieb ganz ruhig, als Moril feststellte, daß sie nur noch Brot und Zwiebeln hatten.

„Ich wußte, daß wir die Kaninchen noch brauchen würden“, sagte Kialan niedergeschlagen.

„Wir haben gut zu Mittag gegessen“, sagte Brid.

Moril kam auf die Idee, Brot und Zwiebeln zusammen zu braten. Leider war es inzwischen schon so dunkel, daß er nichts mehr sehen konnte. Was er schließlich aus der Bratpfanne kratzte, war so angebrannt, daß sie es nur aßen, weil sie sehr hungrig waren. Dann gingen sie schlafen. Moril wurde mehrere Male in der Nacht wach, weil er sich eine andere Stellung neben dem Weinkrug suchen mußte, und es kam ihm so vor, als hielten Kialan und Dagner abwechselnd Wache. Jedenfalls sahen beide am Morgen sehr erschöpft aus.

Kaum war die Sonne aufgegangen, waren sie schon wieder unterwegs; Dagner hatte dafür gesorgt. Während der Fahrt aßen sie das letzte Brot. Dagner versprach, daß sie im nächsten Dorf Lebensmittel kaufen würden.

„Wovon?" fragte Brid.

Dann machten sie eine unerfreuliche Entdeckung. Der Kasten, in dem Lenina gewöhnlich das Geld aufbewahrte, war leer. Lenina mußte es in Markind herausgenommen haben. Und sie hatten kein Geld in den Taschen ihrer feinen neuen Kleider. Brid durchwühlte den Kleiderkasten und leerte alle Taschen der Kostüme. In den Taschen von Clennens scharlachrotem Kostüm fand sie ein paar Münzen, und ein paar weitere fielen aus Kialans guter alter Jacke.

„Dürfen wir die nehmen? Wir geben sie dir zurück", sagte sie.

„Natürlich", sagte Kialan. „Ich hatte ganz vergessen, daß ich noch ein bißchen Geld hatte."

Kurz vor dem nächsten Dorf hielt Dagner an und schickte Brid und Moril zum Einkaufen. Im letzten Augenblick rief er ihnen noch nach, daß sie keinen Hafer für Olob mehr hatten. Es war ungeschriebenes Gesetz, daß zuerst immer Hafer gekauft wurde – denn was nützte ihnen ein unterernährter Olob? Hafer war zu dieser Jahreszeit in dieser Gegend teuer. Und so kamen Brid und Moril mißmutig zum Wagen zurück, sie hatten Hafer, einen Brotlaib, Milch, eine Blutwurst und einen Kohlkopf gekauft. Brid, die wußte, daß Dagner mit allen Mitteln vorläufig eine Vorstellung vermeiden wollte, versuchte ihn umzustimmen.

„Mehr konnten wir uns nicht leisten", sagte sie angriffslustig. „Wenn wir morgen keine Vorstellung geben, müssen wir verhungern."

Zu ihrer Überraschung antwortete Dagner: „Wir werden eine Vorstellung geben. Vater wollte in Untertal auftreten, und ich denke, daß wir morgen dort sind. Hast du es gefunden?" fragte er Kialan, der mit gerunzelter Stirn über der Karte saß. Es war keine gute Karte. Clennen hatte Dalemark wie seine Westentasche gekannt und eine Karte nur für Notfälle gebraucht.
„Wenn wir wirklich in Cindow sind, liegt Untertal ziemlich weit nordwestlich", sagte Kialan. „Ist es den Umweg wert? Wir könnten ebensogut von hier aus durch die Marsch fahren."
„Nein, wir müssen nach Untertal. Vater hat gesagt, wir würden dort mit Sicherheit wichtige Neuigkeiten erfahren", antwortete Dagner. „Fahren wir also los. Und heute abend", fügte er hinzu, „sollten wir etwas üben."
Während Olob sich in Bewegung setzte, holte Moril seufzend die alte Mandola. Als er beschloß, nicht auf ihr zu spielen, hatte er sich ein müßiges Leben in Markind vorgestellt – wenn er überhaupt an die Zukunft gedacht hatte. Aber nun war alles anders. Irgend jemand mußte das Tenorinstrument, die große alte Mandola, übernehmen, und da kam nur er in Frage. Er hatte sich immer vor ihr gefürchtet und jetzt mehr denn je. Um sich an sie zu gewöhnen, nahm er sie auf die Knie und polierte sie, wie Clennen es ihm beigebracht hatte. Brid gab ihm den Ton auf dem Panhorn an, und er versuchte die Mandola zu stimmen. Er stimmte sie noch einmal und noch einmal. Aber genauso schnell, wie er eine Saite in die richtige Tonlage gebracht hatte, verstimmte sie wieder. Er brachte nichts anderes hervor als das jammernde Schwirren schlaffer Saiten.
„Ich glaube, die Wirbel geben nach", sagte er hilflos.
„Laß mich mal versuchen", sagte Brid. Aber ihr gelang es auch nicht, die Mandola zu stimmen.

Kialan ließ sich die Wirbel zeigen, fand aber nichts, was nicht in Ordnung wäre. Er reichte die Mandola an Dagner weiter, der am meisten von Instrumenten verstand. Er legte sich die Zügel um die Knie und versuchte eine halbe Stunde lang vergeblich, die Mandola zu stimmen.

„Das hat uns gerade noch gefehlt!" sagte Brid. „Vielleicht trauert sie. Das sollten wir eigentlich alle . . ."

„Versuch es mit einem Klagelied", schlug Kialan vor.

„Warum?" fragte Moril. „Ich kann die alten Lieder nicht ausstehen."

„Irgendein Klagelied", sagte Dagner. „Am Grab hast du ja auch gespielt, nicht wahr?"

Moril versuchte es. Er sang *Das Klagelied für den Grafen von Dropwater* und stimmte so leise wie möglich mit der Mandola ein. Es klang schrecklich. Brid schüttelte sich. Aber Dagner griff die Melodie auf, und die Mandola schien ihm beinahe zu folgen. Zu Morils Erstaunen und Entsetzen klang die Mandola schließlich voll und rein.

Den Refrain sangen Brid und Kialan mit.

Er war ein Mann, der alle übertraf,
Kanart der Graf, Kanart der Graf!
Nie wirst du seinesgleichen finden,
Er war ein Mann, der alle übertraf.

Die Mandola spielte weiter, so lieblich, wie sie es für Clennen getan hatte. Brid liefen Tränen übers Gesicht. Moril fühlte sich auch den Tränen nahe. Sie sangen das ganze Lied, und obwohl es sie traurig machte, fühlten sie sich auch gestärkt. Am seltsam-

sten benahm sich Olob. Sein Schritt wurde langsam und rhythmisch, fast als sei der Wagen ein Leichenwagen.
„Leg sie weg", sagte Dagner, „sonst kommen wir nie nach Untertal."
Moril legte die beunruhigende Mandola behutsam an ihren Platz zurück, und danach kamen sie schneller voran. Wieder ließ Dagner es nicht zu, daß Olob zur gewohnten Zeit oder an der üblichen Art Platz Rast machte. Kurz vor Sonnenuntergang führte er Olob von der Straße weg auf ein einsames, hochgelegenes Feld, von dem man ungehindert die ganze Umgebung überblicken konnte.
Sie aßen die Blutwurst und übten ihren Auftritt. Zu Morils Erleichterung benahm die große Mandola sich jetzt vorbildlich. Aber es gab andere Schwierigkeiten. Ohne Clennen konnten sie nicht einmal die Hälfte der Lieder so vortragen, wie sie es gewohnt waren. Die meisten mußten sie neu einstudieren. Und Dagner konnte Clennen nicht einmal annähernd ersetzen. Er weigerte sich, mehr als ein Drittel der Lieder zu singen. Im übrigen machte er nur unbestimmte Vorschläge. Die beiden jüngeren fühlten sich verlassen. Sie waren es gewohnt, daß Clennen ihnen liebevoll, aber bestimmt sagte, was sie zu tun hatten. Manchmal wurden sie ärgerlich, dann wieder albern. Nur der wenig erheiternde Gedanke an ihre nächste Mahlzeit, die von diesem Üben abhing, hielt sie davon ab, sich zu zanken oder noch alberner zu werden. Moril hatte das Gefühl, daß Clennen ihm zum erstenmal wirklich fehlte.
Doch während er das noch dachte, fiel ihm ein, was Dagner gesagt hatte, daß Clennen sich immer durchgesetzt habe. Er fragte sich plötzlich, ob Clennen sie nicht alle zu sehr von sich abhän-

gig gemacht habe. Vielleicht war es deshalb so schwer, ohne ihn zurechtzukommen.
Kialan lag währenddessen ausgestreckt auf einem Felsen über ihnen und hörte zu, und vermutlich paßte er auch auf. Diese übergroße Vorsicht ärgerte Moril allmählich. Schließlich waren es Moril und Brid, die darunter leiden müßten, wenn Ganner sie fand, nicht Dagner und Kialan. Am nächsten Morgen stellte Moril fest, daß die beiden wieder Wache gehalten hatten. Beide sahen müde aus.
Brid war wütend. „Wie um alles in der Welt willst du eine Vorstellung geben, Dagner, wenn du kaum die Augen offenhalten kannst? Wir sind von dir abhängig!"
„In Ordnung", sagte Dagner müde. „Ihr fahrt, und ich lege mich im Wagen schlafen. Aber weckt mich, wenn ..."
„Wenn was?" fragte Brid gereizt.
„Wenn irgend etwas passiert", sagte Dagner und ließ sich ächzend neben dem Weinkrug nieder. Kialan ließ sich auf der anderen Seite des Kruges fallen, und beide waren eingeschlafen, bevor Olob den Wagen in Bewegung gesetzt hatte.
Brid und Moril mußten den Weg nach Untertal allein finden. Sie fanden ihn auch, einerseits verdrossen, andererseits stolz auf ihre Leistung. Die Karte half ihnen nicht viel. Ihnen blieb nichts anderes übrig, als ihrer Nase zu folgen. Sie schlugen jede Straße ein, die nach Nordwesten zu führen schien, und hofften das Beste. Einmal gerieten sie auf einen Bauernhof und mußten umkehren, verfolgt vom Bellen der Hunde und dem Gackern der Hühner. Kialan und Dagner rührten sich nicht einmal. Sie schliefen immer noch, als sie von einer Anhöhe aus Untertal vor sich liegen sahen.

„Wir haben es geschafft!" sagte Moril.
„Wenn es nicht Olob war", sagte Brid. „Aber ich glaube, auf diesem Weg ist er noch nie hierher gekommen."
Untertal lag in der letzten Ebene vor den Hochlanden an der Hauptstraße zum Flennpaß. Von ihrem Standpunkt aus konnten sie über die höchsten Gebäude hinweg dorthin blicken, wo die Südtäler wie Stufen zum Markwald-Plateau anstiegen.
„Noch vier Tage, dann sind wir im Norden", sagte Moril.
„Vier Tage", wiederholte Brid sehnsüchtig. Dann stritten sie sich, wer die Zügel übernehmen sollte. Vom Gerangel auf dem Kutschbock wurden endlich auch Dagner und Kialan wach.
„Was ist denn los? Was macht ihr da vorne?"
„Nichts. Wir sind in Untertal", sagte Brid. Dagners verschlafenes Gesicht wurde sofort angespannt und lief rot an. Brid versuchte ihn zu beruhigen. „Wir haben hier immer gute Einnahmen gehabt", sagte sie. „Hunderte von Leuten haben Vater gekannt und müssen sich an uns erinnern. Das Reden übernehme ich. Ich werde von Vater erzählen und sagen, wer wir sind – aber das können sie ja am Wagen ablesen."
„Der Wagen sollte neu gestrichen werden. Dagners Name müßte draufstehen", schlug Moril vor. Er glaubte nicht, daß Dagner auch nur ein bißchen zu besänftigen war, versuchte es aber trotzdem.
„Den ganzen Namen würden wir wohl kaum draufbekommen", sagte Brid fröhlich. „Vielleicht an der einen Seite von oben nach unten Dastgandlen und auf der anderen von unten nach oben Handagner."
„Ist in Untertal nicht der Sitz des Grafen von Tholian?" fragte Kialan dazwischen.

„Eigentlich nicht. Sein Sitz liegt etwas außerhalb, weiter nach Osten", sagte Dagner. Er zeigte mit deutlich zitternder Hand auf die andere Seite von Untertal. Dort war ein großes weißes Gebäude zwischen Bäumen gerade noch zu erkennen.
„Zum Teufel mit dir, Kialan!" sagte Brid. Kialan sah sie erstaunt an. „Wenn die Vorstellung schiefgeht, bist du schuld", sagte Brid. Sie seufzte. „Jetzt sollten wir uns lieber in unsere Kostüme werfen."
„Nein!" sagte Dagner.
„Was soll das heißen?" fragte Brid.
„Einfach nein", sagte Dagner. „Wir treten auf, wie wir sind. Wir sehen durchaus anständig aus."
„Aber wir haben uns doch immer umgezogen", protestierte Brid.
„Das war Vaters Stil", sagte Dagner. „Und zu ihm paßte es auch, singend und glitzernd hereingerauscht zu kommen. Er konnte es sich leisten. Aber wenn ich in dem Flitterzeug auftrete und aus vollem Hals singe, lachen sich die Leute schief."
„Das denkst du nur, weil du nervös bist. Wenn du dich erst umgezogen hast, geht es dir gleich besser", versuchte Brid ihn zu überreden.
„Nein, ich zieh mich nicht um", sagte Dagner. „Dann würde ich mich zehnmal so mies fühlen. Ich bin einfach nicht so eine starke Persönlichkeit wie Vater, Brid, ich kann ihn nicht nachahmen. Ich muß es auf meine Weise tun – oder gar nicht. Verstehst du? Du kannst uns vorstellen und erklären, was geschehen ist, und vielleicht geht es gut. Aber wenn ich merke, daß du prahlst und große Töne spuckst – und das gilt auch für dich, Moril –, hör ich sofort auf. Wir müssen es einfacher aufziehen, weil wir nicht Vater sind."

Brid seufzte. „Gut. Aber meine Stiefel zieh ich doch an. Ich brauch das für meine Stimmung." Sie wurde etwas fröhlicher. „Die Farbe von deinem Kostüm konnte ich sowieso nie leiden, Moril. So siehst du viel netter aus."

„Danke", sagte Moril höflich. Plötzlich war ihm klar geworden, daß sie zum erstenmal in ihrem Leben ganz allein eine Vorstellung geben würden. So nervös war er noch nie zuvor gewesen. Während Brid den Wagen den Hügel hinunter lenkte, saß Moril da und umklammerte die große Mandola mit Händen, die gleichzeitig eiskalt waren und schwitzten.

Die Häuser von Untertal kamen näher. Völlig verzweifelt drückte Moril die Wange gegen das glatte Holz der Mandola. „Bitte hilf mir", flüsterte er der Mandola zu. „Ich schaffe es nicht. Ich kann es nicht."

„Kannst du einen Augenblick anhalten?" fragte Kialan.

Brid brachte den Wagen zum Stehen. Kialan sprang auf die Straße. Brid sah ihn düster an. „Jetzt kommst du wohl wieder mit der alten Leier, daß du dich nicht für unsere Vorstellung interessierst, was? Nun, laß es bleiben. Ich glaube dir nicht. Ich hab dich bisher bei jeder unserer Vorstellungen gesehen."

Kialan schien verdutzt zu sein. Dann lachte er. „Gut. Ich komm nicht mit der alten Leier. Aber ich werde trotzdem auf der anderen Seite von Untertal auf euch warten. Bis später." Er ging mit weitausholenden Schritten auf die Stadt zu, die Hände in den Taschen, und pfiff *Die lustigen Holander.*

„Ich gebe es auf!" sagte Brid. Aber ihre beiden Brüder waren viel zu nervös, um zu antworten.

Siebentes Kapitel

Auf dem Marktplatz in Untertal herrschte immer geschäftiges Treiben. Er war nicht sehr groß. Mitten auf dem Platz stand ein hübscher Brunnen. Vier Wirtshäuser, eine Getreidebörse und eine Stadthalle verteilten sich über drei Seiten. Das alles trug zur Betriebsamkeit bei. Die vierte Seite wurde von einer grauen drohenden Gefängnismauer eingenommen.

Heute erschien ihnen der Platz noch belebter als gewöhnlich. Es wimmelte von Menschen. Während Olob sich einen Weg zum Brunnen bahnte, sahen sie auch den Grund für diese Betriebsamkeit. Am Morgen hatte eine öffentliche Hinrichtung stattgefunden. Der Galgen mit dem Gehängten stand noch da.

Beim Anblick der baumelnden Gestalt wurde ihnen übel. Moril packte seine Mandola fester und schluckte. Dagner wurde grün im Gesicht. Brid konnte es nicht lassen, den nächsten besten zu fragen, wer dort gehängt worden sei.

„Ein Freund vom *Träger* natürlich", war die fröhliche Antwort. Brid hatte einen Mann erwischt, der so aussah, als habe er jede Sekunde der Hinrichtung genossen. „Einige sagen, es sei der *Träger* gewesen", fügte er hinzu, „aber wer weiß das schon. Er wollte nichts gestehen. Letzte Woche haben sie ihn geschnappt, auf Befehl des neuen Grafen."

„Oh, es gibt einen neuen Grafen?" fragte Brid und versuchte, an der baumelnden Gestalt vorbeizuschauen.

„Aber ja", sagte der Mann. „Der alte Tholian ist vor über einem Monat gestorben. Der neue Graf ist sein Enkel. Hat eine richtige Nase für Leute wie den *Träger* und seinesgleichen. Hoffentlich hat er Erfolg!"
„Hoffentlich", sagte Brid rasch. Sie wollte schließlich nicht wegen mangelnder Untertanentreue festgenommen werden.
„Nun laß uns endlich anfangen!" sagte Dagner gereizt.
Brid lächelte den bärtigen Mann etwas unaufrichtig an und band die Zügel fest, damit Olob wußte, daß er stehenbleiben sollte. Dann ließ sie das Panhorn ertönen, um die Aufmerksamkeit der Leute zu erregen. Als sich eine genügend große Menge versammelt hatte, stand sie auf und begann zu sprechen. Moril bewunderte ihre Gelassenheit. Sie war wie Clennen. Zuhörer waren für sie so wichtig wie Essen und Trinken.
„Meine Damen und Herren", rief sie, „bitte kommt näher und hört mir zu. Ihr seht den Wagen, auf dem ich stehe? Viele unter Euch werden ihn sehr gut kennen, und wer ihn kennt, weiß, daß der Wagen Clennen dem Sänger gehört. Die meisten von Euch werden Clennen den Sänger kennen . . ."
Inzwischen hatte sie das Interesse der Leute erregt. Moril hörte jemanden sagen: „Es ist Clennen der Sänger."
„Nein, ist er nicht", sagte jemand anders. „Wer ist das hübsche Mädchen?"
„Wo bleibt Clennen? Das ist nicht Clennen", sagten andere. Endlich rief jemand: „Wo ist Clennen denn, mein Mädchen? Ist er nicht bei euch?"
„Ich werde es Euch erzählen", sagte Brid. „Ich werde Euch alles erzählen." Dann hielt sie inne und stand einfach da, aufrecht und auffallend in ihrem kirschfarbenen Kleid. Moril sah, daß sie

mit den Tränen kämpfte. Aber er sah auch, daß sie den Leuten zeigen wollte, wie sie mit den Tränen kämpfte. Er staunte über ihre Fähigkeit, echte Gefühle einzusetzen für etwas, das nichts anderes war als eine Schau. Er hätte das nicht gekonnt.

Brid stand lange genug schweigend da, um das neugierige Gemurmel anwachsen zu lassen, aber nicht lange genug, um es wieder schwinden zu lassen. Dann sagte sie: „Ich werde es Euch sagen. Clennen, mein Vater, wurde vor zwei Tagen umgebracht." Dann stand sie wieder schweigend da, kämpfte mit den Tränen und lauschte aufmerksam dem teilnahmsvollen Murmeln. „Er wurde vor unseren Augen getötet", sagte sie. Als das Murmeln seinen Höhepunkt erreicht hatte, sprach sie wieder, laut, aber so gelassen, daß Moril und die meisten Leute dachten, sie spräche leise. Die Leute verstummten, damit sie Brid verstehen konnten. „Wir sind die Kinder von Clennen dem Sänger – Brid, Moril und Dastgandlen Handagner –, und wir versuchen, ohne ihn weiterzumachen, so gut wir können. Ich hoffe, Ihr habt etwas Zeit für uns. Wir wissen, daß unsere Vorstellung ohne Clennen nicht das gleiche sein wird, aber ... Aber wir wollen versuchen, Euch zu gefallen. Wir hoffen, daß Ihr alle Mängel verzeihen werdet in – in Erinnerung an unseren Vater."

Dafür bekam sie lauten Applaus. „Dann legt den Hut auf den Boden und laßt hören, was ihr könnt!" rief jemand. Brid hob den schon bereitgelegten Hut auf und warf ihn auf den Boden, während ihr die Tränen über das Gesicht liefen. Mehrere Leute warfen sofort Geld hinein, aus reinem Mitgefühl. Brid konnte nicht anders: Sie war sehr zufrieden mit sich. Sie hatte Eindruck gemacht, ohne ein einziges Mal zu prahlen – tatsächlich hatte sie das Gegenteil getan, und das mußte Dagners Zustimmung finden.

Er überließ ihr alle Ansagen. Das bedeutete, daß Brid mehr oder weniger aussuchen konnte, was sie sangen. Sie versuchte, die einstudierten Stücke in der Reihenfolge zu bringen, die ihr am eindrucksvollsten erschien. Sie begann mit allgemein beliebten Melodien.

Moril fühlte sich schrecklich. Ohne Clennens tiefe, dröhnende Stimme klangen ihre Stimmen dünn und fremd, und es fehlte der Rahmen, den Lenina ihnen mit der Drehleier gegeben hatte. Moril bekam allmählich das Gefühl, daß sie den Zuhörern nichts zu bieten hatten. Brid empfand es ähnlich. Um ihnen Mut zu machen, wählte sie als nächstes *Die sieben Märsche,* auf drei Instrumenten gespielt. Das konnten sie gut. Und sie machten es gut. Am erfolgreichsten waren sie, als Dagner, einer plötzlichen Eingebung folgend, Brid ein Zeichen gab, den *Vierten Marsch* leise zu spielen, während er Morils langsames und weiches Tenorinstrument schnell und quirlig auf seiner Sopranmandola begleitete. Lautes Händeklatschen und ein kleiner Regen von Münzen in den Hut belohnten sie.

Dann sangen sie Clennens *Kuckuckslied,* das die Zuhörer immer zum Lachen brachte. Danach kündigte Brid Dagner mit einigen seiner eigenen Lieder an. Sie dachte, je früher Dagner seinen Auftritt hinter sich hatte, um so besser wäre es für den Rest der Vorstellung.

Brid war froh, daß sie „einige" gesagt hatte. Sonst hätte er wahrscheinlich nur eins gesungen. Dagner war so aufgeregt, daß er nur drei Lieder schaffte. Es war schade, denn die Zuhörer mochten Dagners Lieder. *Die Farbe in deinem Kopf* kam besonders gut an. Brid spürte, daß er die Sympathie der Menge gewonnen hatte. Aber Dagner war rot im Gesicht und zittrig und gab nach drei Liedern auf. Unwirsch stellte Brid sich in die Mitte und sang selbst. Moril unterstützte sie unaufgefordert auf der Mandola, während Dagner sich schwer atmend im Hintergrund hielt. Brid machte ihre Sache gut. Publikum war immer eine Hilfe für sie. Sie sang eine Reihe von Balladen. Ihr größter Erfolg war zweifellos der *Kuh-Ruf,* eine Art Gassenhauer.

Rote Kuh, rote Kuh, meines Herren Rassekuh,
Braune Kuh, braune Kuhe, einer Dame feine Kuh

Brid sang, und niemand ahnte, daß sie sich krampfhaft fragte, was sie sonst noch in ihrer ungewöhnlich kurzen Vorstellung bringen könnten. Plötzlich hatte sie eine Eingebung. Sie verbeugte sich, als sie ihr Lied beendet hatte. Münzen fielen klingend in den Hut.

„Und jetzt, meine Damen und Herren, wird mein Bruder Moril vier Lieder von Osfameron singen."

Moril schluckte und warf Brid einen wütenden Blick zu. Er hatte noch nie eins der alten Lieder vor Publikum gesungen. Aber Brid hatte ihn angekündigt, so mußte er in die Mitte des Wagens treten. Mit feuchten Händen hielt er zitternd die Mandola. Die Sache wurde noch schlimmer, als er plötzlich Kialan in die Augen sah. Kialan stand in der Nähe vom Springbrunnen. Von Morils Platz aus gesehen, schien er direkt unter dem Galgen zu stehen. Moril wandte den Blick von Kialan und Galgen ab und begann zu spielen. Er war sicher, daß er es vermasseln würde.

Aber als er spielte, ließ seine Nervosität etwas nach, und er merkte überrascht, daß ihm sein Auftritt Freude machte. Da Morils Stimme von Natur aus hoch war, brauchte er sie nicht künstlich angespannt hoch klingen zu lassen, wie Clennen es getan hatte. Und da er noch nicht erfahren war und die Klänge ohnehin nicht mochte, die die alte Fingertechnik erzeugte, stellte er fest, daß er die Melodie unbewußt abgewandelt hatte zu etwas, das weder alt noch neu war, aber anders.

Der Saal des Adon stand offen. Hindurch und davon
Schossen Schwalben. Die Seele fliegt durch das Leben.
Osfameron wußte im Grund seines Herzens davon.
Des Vogels Leben ist nicht des Mannes Leben.

Osfameron ging auf den Grund
Seines Herzens. Die Amsel flog dort.
Er wollte nicht, daß der Amsel Lied verklang.
In seinem Innersten lebt die Amsel fort.

Moril fand, daß es sich gut anhörte. Und ganz sicher war es sein eigenes Werk, nicht das der Mandola. Als er fertig war, herrschte auf dem Platz Schweigen. Die Zuschauer hatten die alten Lieder noch nie so gespielt gehört und wußten nicht, was sie davon halten sollten. Kialan traf die Entscheidung für sie, indem er laut klatschte. Andere Leute klatschten ebenfalls. Dann folgte ein Beifallssturm, der Moril vor Scham erröten ließ – schließlich war er ja noch ein Anfänger –, und wieder fielen Münzen in den Hut.

Der Beifall schien Olob zu stören. Er wurde unruhig. Er warf den Kopf zurück, stampfte und versuchte auszubrechen. Brid mußte die Zügel wieder in die Hand nehmen. Sie war teilweise handlungsunfähig. Als Dagner das sah, riß er sich zusammen und spielte ein paar Lieder mit Refrain, in der Hoffnung, daß die Menge einstimmen würde. Er hatte nicht viel Erfolg. Die Leute wollten lieber zuhören. Aber mehr Lieder hatten sie nicht einstudiert, und so mußte Dagner mit den *Lustigen Holandern* zum Ende kommen.

Olob führte sich immer noch wie ein junges Fohlen auf. Moril stieg vom Wagen, um das Pferd zu beruhigen. Die Menge zog sich zurück. Moril hörte das Klirren der Münzen. „Soll ich einkaufen gehen?" fragte Brid. „Ich weiß, was wir brauchen."

„Nein, ich gehe", sagte Dagner. Er schien noch immer nervös zu sein, obwohl die Vorstellung beendet war. Er nahm den Hut und kletterte vom Wagen. In diesem Augenblick kamen mehrere Männer auf Dagner zu und umringten ihn. Moril erkannte in ihnen Freunde von Clennen.

„Was haben wir da gehört, Dagner? Was ist das für eine Geschichte mit Clennen?"

Und so kam es, daß Dagner mit ihnen fortging, um etwas zu trinken. Den Hut nahm er mit. Moril sah nicht, in welches Wirtshaus sie gingen, weil er von einem freundlichen Mann abgelenkt wurde. Dieser Mann überreichte ihm eine Pastete und sagte ihm – auf väterliche Weise –, daß er die alten Lieder falsch gesungen habe und daß alles vor die Hunde ginge, wenn sich jeder solche Freiheiten herausnähme.

Moril nahm sich ein Beispiel an Dagner. „Ja, aber ich kann sie nicht so vortragen wie mein Vater", sagte er mit vollem Mund. Er war sehr dankbar für die Pastete, sonst hätte er dem Mann gesagt, was er wirklich von den alten Liedern hielt.

Als der Mann gegangen war, fiel Moril ein, daß Brid wieder das Opfer flüsternder Herren sein könnte. Er schaute zum Wagen

hinauf und überlegte, was er tun würde, wenn da wirklich ein flüsternder Herr war. Tatsächlich zog sich gerade ein Herr zurück, sehr rot im Gesicht. Brid sah ihm nach wie eine Raubkatze. „Hoffentlich vergißt Dagner das Einkaufen nicht", sagte sie zu Moril und tat so, als habe es den Herrn nie gegeben.
Sie warteten und warteten, Moril stand neben dem unruhigen Olob, und Brid saß im Wagen. Über eine Stunde warteten sie. Gelegentlich sah Moril Kialan, der auf dem Markplatz herumlungerte und offensichtlich auch wartete. Aber er hielt sich von ihnen fern. Moril fragte sich gereizt, warum er nicht kam.
Olob warf den Kopf wütend hin und her. Brid sagte: „Da ist er!" Moril sah Dagner mit dem zusammengerollten leeren Hut auf sie zukommen. „Wo sind die Sachen, die er gekauft hat?" fragte Brid. Dagner winkte und hatte den Wagen fast erreicht, als zwei große Männer auf ihn zugingen, ruhig und entschlossen, jeder von einer Seite. Einer legte Dagner eine große Hand auf die Schulter.
„Was . . .?" sagte Dagner und versuchte, die Hand abzuschütteln.
„Im Namen des Grafen, du bist festgenommen", sagte der Mann. „Komm ruhig mit und mach keinen Ärger."
Die Leute in der Nähe entfernten sich rasch vom Wagen, als sie sahen, daß jemand festgenommen wurde. Kialan schien in der unruhigen Menge unterzutauchen. Moril fiel sein entsetzter Gesichtsausdruck auf, dann war er verschwunden. Moril stand immer noch neben Olob, und es war verrückt, daß er ausgerechnet auf Kialan wütend war. Niemand hätte etwas tun können, wenn der Graf sich in den Kopf setzte, Dagner festnehmen zu lassen. Voller Verzweiflung sah Moril Dagner nach. Dagner

warf ihm über die Schulter einen hoffnungslosen Blick zu. Die Menge wich zurück.

Als ob Dagner eine ansteckende Krankheit hätte, dachte Moril zornig. Ihm wäre es lieber gewesen, Dagner wäre mit erhobenem Kopf und nicht gebeugt und schuldbewußt ins Gefängnis gegangen.

„Ich bin noch nie in meinem Leben so wütend gewesen!“ sagte Brid. „Noch nie! Das ist ja wohl die größte Ungerechtig ...“ Sie brach ab und sah sich ängstlich auf dem leeren Platz um, als ihr klarwurde, daß sie auf dem besten Weg war, sich auch strafbar zu machen.

Das Gefängnistor schloß sich hinter Dagner und den beiden Männern. Moril fühlte sich einsam und verlassen. „Mir ist gerade etwas klargeworden“, sagte er. „Wir hatten keine Lizenz zum Singen, oder?“

„Wir haben das Recht, sechs Monate lang mit Vaters Lizenz Vorstellungen zu geben“, sagte Brid. „Vater hat es mir gesagt. Hoffentlich erinnert Dagner sich daran. So etwas können sie einfach nicht tun! Sie versuchen nur ...“

Ein Mann kam ziemlich widerwillig auf sie zu. Er trug etwas, was wie ein Sack Hafer aussah. Ein Stück entfernt blieb er stehen. „Euer Bruder hat das bestellt“, sagte er. „Soll ich es wieder mitnehmen?“

„Das werdet Ihr nicht tun!“ antwortete Brid hochmütig. „Es ist bezahlt, ich weiß es. Legt den Sack in den Wagen.“

„Wie ihr wollt“, sagte der Mann unfreundlich. Er ließ den Sack fallen, wo er stand, und ging fort.

Es war ein scheußliches Gefühl. Moril ahnte, daß alle sie jetzt meiden würden. Vermutlich hatte Kialan sie auch schon im Stich gelassen. Er ging zu dem Sack und schleppte ihn zum Wagen. „Was sollen wir tun, Brid?“

„Tun?“ fragte Brid wütend. „Ich sag dir, was wir tun. Ich muß hierbleiben, falls Dagner noch mehr bestellt hat, aber du gehst sofort zum Gefängnis und fragst nach Dagner. Sag ihnen, daß er mit dem Grafen verwandt ist. Sag ihnen, daß Mutter die Nichte von Tholian ist. Zieh eine Schau ab. Sag ihnen, sie sollen Ganner holen lassen. Mach ihnen klar, daß wir einflußreiche Verwandtschaft haben. Und wenn du Dagner triffst, sag ihm, er soll das gleiche tun. Jetzt geh. Sie wollen uns nur Angst einjagen, um eine zweite Lizenz aus uns herauszuholen, ich weiß es!“

Gehorsam machte Moril sich auf den Weg. Im Innersten wußte er, daß es nichts nützen würde. Wenn sie im Süden Leute festnahmen, bedurfte es mehr als eines Jungen, der von vornehmen Verwandten redete, um sie wieder aus dem Gefängnis herauszuholen. Zumindest brauchte man viel Geld. Und da sie kein Geld hatten, konnte es gut sein, daß sich die Gefängnistüren für immer hinter Dagner geschlossen hatten. Jetzt wäre es Moril lieber gewesen, Ganner hätte sie doch gefunden. Bis er das Gefängnistor erreicht hatte, wünschte er schon aus tiefstem Herzen, sie hätten Markind nie verlassen.

„Bitte“, sagte er zur Wache, „ich möchte mit meinem Bruder sprechen.“

Der Mann blickte auf ihn hinunter, nicht unfreundlich. „Der Sohn von Clennen dem Sänger?“ Moril nickte. „Und wie alt bist du, Junge?“ fragte der Mann.

„Elf“, sagte Moril.

„Du bist also elf“, sagte der Mann. „Sie hängen euresgleichen nicht, bevor sie fünfzehn sind, du hast also Glück.“ Moril hielt

das für einen Scherz und lächelte höflich. „Hör mal, Junge", sagte der Mann. „Laß dir einen guten Rat geben. Steigt in euren Wagen und verschwindet. Ihr werdet hier nichts erreichen."
Moril starrte den Mann in hilflosem Ärger an. „Aber . . ."
„Fort mit dir!" drängte der Mann. Aus dem dunklen Gang hinter ihm ertönten Schritte. Moril merkte, daß der Mann es gut meinte, aber er rührte sich nicht von der Stelle. Er wollte zu Dagner.
Jetzt erschien einer der beiden Männer, die Dagner festgenommen hatten. Er warf einen gleichgültigen Blick auf Moril. Dann sah er noch einmal hin, schärfer. „Der gehört auch zu denen, nicht?"
„Ja, Herr", sagte der Mann am Tor und schaute Moril vorwurfsvoll an, als wollte er sagen: „Jetzt siehst du, was du angerichtet hast."
„Komm mit, Junge", sagte der andere Mann. Morils Magen krampfte sich zusammen, mehr als vor der letzten Vorstellung. Der Mann führte Moril durch den dunklen Gang, über einen düsteren Hof und ein paar Steinstufen hinauf. Sie betraten einen leeren Raum mit gelben Wänden. An einer der Wände stand eine Bank. Auf die sollte Moril sich setzen und warten. Dann ging der Mann hinaus und schloß die Tür ab.
Moril saß ziemlich lange auf der Bank und fühlte sich elend. Er fragte sich, ob er auch festgenommen war. Es sah fast so aus. Er versuchte, aus dem Fenster zu schauen, aber es war zu hoch und vergittert. Er schleppte die Bank darunter, doch außer grauen Wänden war nicht viel zu sehen. Es wäre sinnlos, sich durch das Gitter zu zwängen. Er zerrte die Bank zurück an ihren Platz und setzte sich wieder hin.

Und dann wurde ihm erst richtig elend. Er konnte es nicht ertragen, zwischen Wänden eingeschlossen zu sein. Ihm war heiß. Er saß in der Falle. Der Raum schien von Sekunde zu Sekunde kleiner zu werden, die Decke schien sich auf ihn herabzusenken. Er dachte, er müsse schreien. Er war nahe dran zu schreien, als ein Fleck an der gegenüberliegenden Wand seine Aufmerksamkeit erregte. Er hatte fast die Form der Berge zwischen Dropwater und Hannart.

Moril flüchtete sich dankbar in einen Traum. Er stellte sich schneebedeckte Gipfel vor und vergaß, daß ihm zu heiß war. Er stellte sich breite Täler vor und den Himmel darüber, und der Raum weitete sich.

Die Tür öffnete sich, und ein Mann forderte Moril auf, sofort mitzukommen.

Plötzlich war Moril wieder voller Angst und zittrig und klein.

Der Mann führte ihn in einen großen Raum. An der einen Seite stand ein schwerer alter Tisch. Dort saß ein älterer Herr, neben ihm ein jüngerer, der sich Notizen machte. An der goldenen Kette, die der ältere um den Hals trug, sah Moril, daß es ein Richter war.

„Stell dich vor den Tisch und antworte deutlich", sagte der jüngere Mann und zeigte mit seiner Feder auf Moril.

Moril gehorchte, immer noch zittrig. Nach einer Weile wußte er, wie viele Falten der Richter auf der Stirn hatte: fünfzehn gelbliche Falten.

Der Richter runzelte diese Falten und musterte Moril. „Voller Name?"

„Osfameron Tanamoril Clennensson", antwortete Moril. „Ich möchte bitte mit meinem Bruder sprechen."

„Du nimmst den Mund ganz schön voll", entgegnete der Richter, während der andere Mann alles aufschrieb. „Osfameron?"
„Er ist mein Vorfahr", sagte Moril. „Ich bin nach ihm genannt worden. Und darf ich bitte Dagner sehen?" Die gelben Falten zogen sich dichter zusammen. „Mein Bruder", sagte Moril geduldig.
„Dein Bruder?" fragte der Richter. Der andere Mann reichte ihm ein Bündel Papiere, und der Richter zog die Stirnfalten so dicht zusammen, daß sie wie eine kunstvolle Stickerei aussahen. „Noch einer, der den Mund vollnimmt", sagte er.
Moril hatte ein flattriges Gefühl im Magen, als ihm klar wurde, daß die Papiere Dagners Antworten enthalten mußten. Antworten auf Fragen, die man ihm gestellt hatte. Er fragte sich, was Dagner gesagt hatte, und wünschte, er wüßte es. Denn wenn er anders antwortete als Dagner, würde der Richter Dagner womöglich für alles mögliche verurteilen, was er nicht getan hatte.
„Wir nennen ihn Dagner", erklärte er vorsichtig. „Und ich möchte ihn gern sehen, bitte."
„Du kannst ihn später sehen, wenn du meine Fragen wahrheitsgemäß beantwortest", sagte der Richter. „Du kommst aus einer Sängerfamilie, stimmt das?"
„Ja."
„Du bist mit deinem Vater durch die Lande gereist, und ihr habt Vorstellungen gegeben?"
„Ja."
„Wie lange machst du das schon?"
„Mein ganzes Leben."
„Und wie lange wäre das?"
„Elf Jahre."

Der jüngere Mann beugte sich vor. „Der ältere Junge hat zehn Jahre gesagt."
Der Richter musterte Moril mit gerunzelter Stirn und überlegte, wie alt er sein mochte.
Moril begriff, daß es nichts nützen würde, absolut nichts, wenn er Brids Rat folgte und von Ganner und seiner Verwandtschaft mit dem Grafen sprach.
„Ich war noch ein Baby, als wir aufbrachen", erklärte er.
„Von Hannart?" fragte der Richter scharf.
„Ja, aber daran kann ich mich nicht mehr erinnern", sagte Moril. Er wußte, wenn er hier seine wahren Gefühle für Hannart zugab, konnte es sein und Dagners Verderben sein. „Mein Vater sagte, er habe sich mit Graf Keril gestritten."
Die Männer verglichen seine mit Dagners Antworten. Sie schienen sich zu decken. Aber die Männer waren dennoch nicht zufrieden, und sie wurden immer unzufriedener, als sie weiterfragten.
„Wo habt ihr eure letzte Vorstellung vor Untertal gegeben?"
Moril dachte nach. Es schien sehr lange zurückzuliegen. Fledden? Ja, weil das der letzte Ort vor dem Lordtum Markind war, wo sie mit den Vorstellungen aufgehört hatten. Dort hatte Lenina Kialans Jacke ausgebessert. „In Fledden."
„Mit wem hat dein Bruder in Fledden gesprochen?"
„Mit niemandem", sagte Moril. Er konnte sich besonders gut daran erinnern, weil sich ausnahmsweise einmal keine Mädchen um Dagner gedrängt hatten und er selbst mit Dagner gesprochen hatte.
„Aber du warst doch sicher nicht jeden Augenblick in Fledden mit ihm zusammen?" fragte der jüngere Mann.

„Doch, das war ich", sagte Moril. „Vater legte Wert darauf, daß wir in Städten immer alle zusammen im Wagen blieben."

„Immer?" sagte der Richter und zog seine Falten streng zusammen. „Du willst mir doch nicht erzählen, daß dein Bruder nie allein losgezogen ist!"

Wenn er sich jetzt verplapperte, könnte der Richter Dagner wegen Wilderns von Kaninchen verurteilen. „Nein, nie", sagte Moril schnell. „Dagner interessiert sich nicht für allzu viel." Und um sie vom Gedanken ans Wildern abzubringen, fügte er hinzu: „Dagner hat nichts getan, wofür Ihr ihn festnehmen könntet, und unsere Lizenz ist in Ordnung, ehrlich."

Der Richter seufzte gereizt. „Eure Lizenz interessiert mich nicht, Junge. Dein Bruder ist festgenommen worden, weil er illegale Informationen weitergereicht hat . . ."

„Was?"

„. . . und weil ich wissen möchte, wo er sie bekommen hat", fuhr der Richter fort. „Das überrascht dich?"

„Das kann nicht sein!" rief Moril. „Ihr müßt Euch irren."

„Unsere Leute sind sehr zuverlässig", sagte der Richter. „Warum denkst du, es sei ein Irrtum?"

„Weil das einfach nicht zu Dagner paßt. So etwas interessiert ihn nicht. Er interessiert sich nur für seine Lieder. Außerdem, es gibt überhaupt keinen Ort, wo er Informationen hätte erhalten können", sagte Moril, völlig außer sich.

„Diese Behauptungen bringen uns überhaupt nicht weiter", sagte der Richter. „Ich vermute, du und dein Bruder, ihr verbergt etwas. Du sagst, daß ihr die letzte Vorstellung in Fledden gegeben habt. Das muß vor einer Woche gewesen sein. Wo seid ihr inzwischen gewesen?"

„In Markind." Moril fragte sich, warum Dagner das nicht erwähnt hatte. „Dann sind wir über Cindow hierhergekommen."
Der Richter und der jüngere Mann tauschten einen Blick; sie schienen Moril nicht zu glauben. Offensichtlich hielten sie Markind für den letzten Ort, wo man illegale Informationen bekommen konnte. „Warum Markind?" schnauzte der jüngere Mann.
„Mein Vater ist umgebracht worden", sagte Moril mit nicht ganz fester Stimme.
„Das wissen wir. Bei Medmer. Warum seid ihr nach Markind gegangen?"
„Meine Mutter wollte Ganner heiraten."
„Ganner!" riefen beide wie aus einem Munde und sahen Moril entgeistert an. „Ganner ist der Lord von Markind", sagte der Richter.
„Ich weiß", sagte Moril. „Mutter war mit ihm verlobt, bevor sie Vater heiratete, und sie ist zu ihm zurückgekehrt."
„Sehr wahrscheinlich", sagte der Richter höhnisch. „Wenn das so war – warum seid ihr dann fortgegangen?"
Tränen des Zorns stiegen Moril in die Augen. „Weil ich dort einen der Männer sah, die Vater getötet haben, wenn Ihr es wissen müßt! Und wenn Ihr mir nicht glaubt, fragt doch Ganner!"
„Das werde ich ganz gewiß tun", sagte der Richter. Der andere Mann murmelte etwas, und sie sahen einander an. Moril erkannte, daß Brid doch recht gehabt hatte, als sie ihm den Rat gab, Ganner zu erwähnen. Aber wie Brid hatte der Richter gefolgert, Ganner habe Clennen töten lassen. Der jüngere Mann machte ihn jetzt darauf aufmerksam, daß Ganner viel zu bedeutend sei, als daß man ihn beschuldigen könne. Der Richter lächelte nur zynisch und zuckte mit den Schultern. Dann wandte

er sich wieder an Moril, und Moril erkannte, traurig und erbittert, daß es ein Recht für Ganner gab und ein ganz anderes für ihn und Dagner.
„Hat dein Bruder in Markind mit irgendwelchen Fremden gesprochen?"
„Nein", antwortete Moril. „Nur mit Ganners Dienstboten."
„Mit wem hat er dann zwischen Markind und hier gesprochen?"
„Nur mit uns."
„Hör mal zu, mein Junge", sagte der Richter. „Man kann nicht gerade behaupten, daß du uns hilfst, oder? Vielleicht bringt es dein Gedächtnis in Trab, wenn ich dich daran erinnere, daß das Verbrechen deines Bruders ihn an den Strang bringen wird. Dich kann ich wegen Zurückhaltung von Informationen ins Gefängnis werfen."
Moril wurde es übel. „Aber ich halte nichts zurück", beteuerte er. „Ich habe Euch gesagt, daß es ein Irrtum ist. Wenn Ihr mir allerdings nur glauben wollt, wenn ich sage, daß Dagner schuldig ist, dann hat es keinen Sinn, mir Fragen zu stellen. Weil er so etwas nicht getan hat."
Der jüngere Mann erhob sich halb. Mit einem bösartigen Ausdruck starrte er Moril an. Moril zuckte zusammen und wartete darauf, daß sie ihn schlagen oder in eine Zelle werfen würden oder beides. Aber sie taten weder das eine noch das andere. Nach einer schrecklich langen Zeitspanne sagte der jüngere Mann kalt, Moril solle sich auf den Hocker an der anderen Seite des langen Raums setzen. Moril gehorchte. Er saß in der Nähe der Tür und sah zu, wie die beiden Männer sich mit leiser Stimme berieten. Hinter der Tür waren Schritte zu hören, so daß

er nichts von dem, was gesagt wurde, verstehen konnte. Mehrere Male meinte er Ganners Namen gehört zu haben. Dann riefen sie ihn wieder an den Tisch.
„Wir lassen dich laufen, Junge", sagte der jüngere Mann. „Wir sind zu der Überzeugung gekommen, daß du nichts von dieser Angelegenheit weißt."
„Danke", sagte Moril. „Darf ich jetzt mit meinem Bruder sprechen?"
Der jüngere Mann warf ihm einen zornigen Blick zu und wollte offensichtlich ablehnen. Aber der Richter sagte gereizt: „Na gut, na gut. Ich habe es dir versprochen, wenn du meine Fragen beantwortest. Ich möchte nicht, daß du von hier weggehst und uns für ungerecht hältst."
Moril dachte, daß Brid hierauf die richtige Antwort gegeben hätte. Er hielt den Mund, obwohl es ihm schwerfiel.

Achtes Kapitel

Moril wurde nach unten in einen großen düsteren Raum gebracht, der von finster aussehenden Männern bewacht wurde. Mitten im Raum standen sich in einigem Abstand zwei lange Bänke gegenüber, auf denen Leute saßen. Die Leute auf der einen Seite waren deutlich erkennbar Gefangene. Sie wirkten düster und deprimiert und waren schmutzig. Die Köpfe hielten sie gesenkt. Sie erinnerten Moril an einen Tanzbären, den er einmal gesehen hatte. Und die Leute auf der Bank gegenüber waren offensichtlich Besucher. Sie waren lebhafter und nervöser. Überall schienen Wachen zu stehen, mit gelangweilten Gesichtern, und die nervösen Blicke der Besucher galten hauptsächlich den Wachen. Ein Geräusch von scharrenden Füßen und flüsternden Gesprächen füllte den Raum.

Moril mußte sich auf die nächste Bank setzen, und nach einer Weile wurde Dagner von zwei Wachen hereingeführt. Dagner hatte auch schon diesen düsteren, deprimierten Ausdruck. Zwischen den beiden Wachen wirkte er überraschend klein. Moril hatte ihn größer in Erinnerung.

Sie befahlen Dagner, sich auf die Bank Moril gegenüber zu setzen. „Du hast zehn Minuten", sagte eine der Wachen zu Moril, dann gingen sie. Moril schluckte und wußte nicht, was er sagen sollte.

„Einen Augenblick", sagte Dagner schnell. „Schau nach, ob

jemand in der Nähe ist, der uns belauschen könnte. Ist jemand hinter mir?"
Die nächste Wache stand in einiger Entfernung hinter Dagner und unterhielt sich mit einem Kollegen. „Nein. Sie sind mindestens zwei Wagenlängen weg." Moril wollte sich umdrehen, um zu sehen, ob jemand hinter ihm stand.
„Beweg dich nicht, du Dummkopf!" sagte Dagner. „Ich seh doch, daß hinter dir alles in Ordnung ist."
„Ich habe den Richter gesprochen und ihm gesagt, daß das alles ein Irrtum sein muß", fing Moril an. „Sie können nicht wirklich glauben, daß du Informationen weitergereicht hast, oder? Es ist einfach nicht wahr."
„Doch, es ist wahr", sagte Dagner. „Ich habe es getan."
Moril starrte ihn an.
„Vater hat mich darum gebeten", erklärte Dagner. „Ich sollte einem unserer Männer hier eine Botschaft und etwas Geld überbringen. Ich habe versagt", sagte er bekümmert. „Ich bin mir nicht sicher – aber ich glaube, der, dem ich es gegeben habe, war der Spion. Und wenn ich daran denke, wie erleichtert ich war, als ich es hinter mir hatte, ich . . . Na ja, es hat wohl keinen Sinn, darüber nachzudenken."
„Aber Dagner!" sagte Moril entsetzt. „Dafür werden sie dich hängen!"
„Glaubst du etwa, ich wüßte das nicht?" fragte Dagner gereizt. „Ist immer noch niemand in der Nähe?"
„Nein", sagte Moril. „Dagner, es ist nicht wahr! Sag mir, daß es nur ein Scherz ist."
„Es ist kein Scherz", sagte Dagner. „Wenn du mir nicht glaubst, sieh dir mal den Weinkrug an – wenn sie den Wagen nicht in-

zwischen durchsucht haben. Aber das ist unwichtig. Wichtig ist, daß Kialan den Norden erreicht. Du und Brid, ihr müßt ihn nach Hannart bringen, wenn ihr könnt. Schaffst du das, Moril?"

„Ich denke schon", sagte Moril. „Aber ich glaube, er hat sich verdrückt, als du festgenommen wurdest."

„Nein, das hat er nicht", sagte Dagner, „er wartet außerhalb von Untertal auf euch, wie er gesagt hat."

„Wenn du meinst – Dagner, warum ist das so wichtig?"

„Frag Kialan", sagte Dagner, die Augen auf jemanden hinter Moril gerichtet. „Ich habe etwas Mehl bestellt und noch etwas Hafer", fuhr er gekünstelt fort. „Und ein Freund von Vater wollte mir eine Speckseite billig verkaufen. Und Zwiebeln. Brot könnt ihr unterwegs kaufen."

„Eier auch." Moril ging auf das Spiel ein. „Und ich halte deine Mandola für dich in Ordnung, ich verspreche es."

„Das ist nicht so wichtig", sagte Dagner. „In Ordnung, er ist weg. Jetzt hör mir gut zu. Es gibt zwei Dinge, die du Kialan sagen mußt. Das eine ist, daß Henda wirklich ein Lösegeld für ihn gefordert hat . . ."

„Lösegeld für Kialan?" fragte Moril. „Aber er ist . . ."

„Vergiß es. Erzähl es ihm einfach", sagte Dagner. „Die andere Sache ist weitaus wichtiger. Graf Tholian stellt eine Armee auf und . . ."

„Tholian? Er ist tot", widersprach Moril.

„Es geht um den neuen Grafen. Er heißt auch Tholian. Unterbrich mich nicht immer. Hinter dir kommt jemand", sagte Dagner. „Die Sache ist, daß niemand im Norden davon weiß, und außer euch und Kialan wird keiner durchkommen. Kannst du beides behalten?"

„Lösegeld und Tholian", sagte Moril. „Jetzt kommt hinter dir jemand."
Die Wachen hinter Dagner traten zu ihm. „Komm jetzt. Die Zeit ist um."
„Das waren noch nicht annähernd zehn Minuten", protestierte Moril.
„Euer Pech. Der Richter will ihn sprechen. Setz dich in Bewegung, Bürschchen", sagte die Wache.
Dagner stand auf. Als er abgeführt wurde, lächelte er Moril hilflos zu. Moril ging niedergeschlagen zur Tür und wurde sofort zum Eingang zurückgebracht.
„Wieder draußen?" fragte der Wachposten. „Glück gehabt!"
Moril brachte es nicht über sich zu antworten. Er fand nicht, daß er Glück gehabt habe, um so weniger, als er draußen sofort die baumelnden Füße des Erhängten sah.
Brid saß im Wagen und sah ihm ungeduldig entgegen. Neben dem Wagen lagen jetzt außer dem Sack Hafer noch mehr Säcke und Bündel, die alle zu schwer für Brid allein waren.
„Wo bist du so lange gewesen?" rief sie, sobald Moril nahe genug war. „Ich dachte schon, du kommst überhaupt nicht zurück! Was ist los? Du siehst nicht gerade fröhlich aus."
Moril fühlte sich sonderbar verlassen, so daß er nur zu Olob gehen konnte. Er schlang die Arme um seinen Hals und rieb sich die Stirn an Olobs Nase.
„Also, sag schon!" rief Brid. „Hast du Dagner gesprochen?"
„Ja", sagte Moril.
„Hast du ihm alles gesagt, was ich dir aufgetragen habe?"
„Nein."
„Jetzt red doch endlich, Moril!"

„Das kann ich nicht", sagte Moril. „Nicht hier."
„Warum nicht?" Brid schrie beinahe.
„Bitte, Brid, halt jetzt den Mund", sagte Moril und sah sie beschwörend an. „Laß uns die Säcke aufladen und weiterfahren."
Brid begriff allmählich, daß etwas Schreckliches geschehen sein mußte. „Ohne Dagner?" fragte sie etwas leiser.
Moril nickte, trennte sich schweren Herzens vom warmen, weichen, freundlichen Olob und begann, an einem der Säcke zu zerren. Brid stieg vom Wagen und half ihm. „Moril, um alles in der Welt!" flüsterte sie wütend. „So schlimm kann es doch nicht sein. Du benimmst dich, als wollten sie Dagner hängen!"
„Das wollen sie auch", flüsterte Moril zurück.
Brid wurde blaß, aber sie glaubte ihm immer noch nicht. „O nein!" sagte sie. „Das kann nicht sein. Warum?"
„Hilf mir, die Sachen in den Wagen zu laden, und ich erzähl dir alles unterwegs", sagte Moril.
Sie beluden den Wagen und brachen auf. Als sie über Kopfsteinpflaster rollten, wo der Wagen laut genug klapperte, um ihr Flüstern zu übertönen, berichtete Moril Brid, was geschehen war.
Sie war entsetzt und wiederholte immer wieder: „Ich kann es nicht glauben!"
Eine halbe Meile außerhalb Untertals wartete Kialan auf sie. Er zwängte sich durch eine Hecke und kam auf den Wagen zu. Im ersten Augenblick lächelte er, als sei er erleichtert. Dann sah er, daß sie allein waren, und sein Lächeln verschwand. Sein gebräuntes Gesicht wirkte gelblich und müde. „Was ist geschehen?" fragte er, als er zu ihnen heraufkletterte.
„Moril behauptet, sie wollen Dagner hängen, weil er Informa-

tionen weitergereicht hat", antwortete Brid. „Er sagt, daß Vater Dagner den Auftrag gegeben hat. Und ich kann es nicht glauben! Ich kann es einfach nicht glauben!"
„Oh", sagte Kialan. „Dafür haben sie ihn also eingelocht. Ich habe mir gleich gedacht, daß das Risiko zu groß ist."
„Du bist ganz schön kaltblütig, was?" fragte Brid. „Aber Dagner ist ja auch nicht dein Bruder."
Es entstand eine Pause. „Gut", sagte Kialan nach einer Weile, „er ist nicht mein Bruder. Ihr denkt also, ich wüßte nicht, wie ihr euch fühlt. Du kannst den Sternen danken, mein Mädchen, daß du nicht daneben stehen und zusehen mußt, wenn sie Dagner hängen, wie ich bei meinem Bruder zusehen mußte!"
Brid und Moril drehten sich gleichzeitig um und starrten Kialan an. Aber sie wandten sich wieder ab, weil Kialans Augen voller Tränen standen. „Und Dagner hab ich immer gern gehabt", fuhr er fort. „Ich kann mich noch sehr gut an die Zeit erinnern, als wir noch klein waren."
Außer den Geräuschen von Pferd und Wagen war nichts zu hören. Brid trieb Olob an, damit sie den ersten steilen Hügel zu den Hochlanden so schnell wie möglich hinter brachten. Auch in Brids Augen standen Tränen.
„Warum haben sie deinen Bruder gehängt?" fragte Moril schließlich.
„Es gab keinen Grund", sagte Kialan bitter. „Es war Tholians Idee – dieses blaßäugige mordende Ungeheuer, das euern Vater umgebracht hat –, aber ich habe weder von Hadd noch von Henda oder einem der anderen Einwände gehört. Sie brachten uns nur zuerst vor Gericht, damit es so aussah, als geschehe alles zu Recht. Und dann stellte sich heraus, daß ich erst vierzehn war . . ."

„Oh! Ich hab dich für älter gehalten!" sagte Brid.
„Das tun die meisten", sagte Kialan. „Ich bin im März vierzehn geworden. Tholian war außer sich, weil die anderen Grafen sagten, es sei gegen das Gesetz, mich zu hängen, bevor ich fünfzehn sei. Aber sie haben den armen Konian gehängt und den Kapitän des Schiffes und alle, die sie von der Mannschaft geschnappt hatten, und ich mußte zusehen. Es war unser Pech, daß wir ausgerechnet zu dem Zeitpunkt dort landeten, als die Grafen zusammengekommen waren, um das Ungeheuer Tholian in Amt und Würden einzusetzen! Sein Großvater war eine Woche vorher gestorben."
Sie waren jetzt so hoch über Untertal, daß sie Tholians Anwesen gut überblicken konnten. Das Herrenhaus lag weiß und friedlich unter den Bäumen. Moril kam sich vor wie eine Maus, die über die Pfoten einer Katze läuft. In diesem Augenblick wünschte er, ihr Wagen wäre nicht so rosa und auffällig gestrichen.
„Allmählich glaube ich, daß ich anderen Unglück bringe", sagte Kialan unglücklich, „erst Konian, dann eurem Vater, jetzt Dagner – und Gott mag wissen, was mit den Leuten geschehen ist, die mir geholfen haben zu fliehen!"
„Darf ich dich fragen, wer du eigentlich bist?" sagte Brid vorsichtig.
„Mein Vater ist der Graf von Hannart", antwortete Kialan. „Und wenn ihr ohne mich weiterfahren wollt, würde ich euch keinen Vorwurf machen."
Moril sah sich wieder nach dem Herrenhaus um, aber es war schon hinter einer Straßenbiegung verschwunden. Das erleichterte ihn. Er hatte ein Gefühl, als habe diese Neuigkeit sie plötz-

lich in große Gefahr gebracht, obwohl er wußte, daß sie seit dem Augenblick, als Kialan zu ihnen stieß, in Gefahr waren. Jeder Graf aus dem Süden – nicht nur Tholian – wäre entzückt gewesen, Kialan in die Hände zu bekommen. Wer Kialan half, mußte mit schweren Strafen rechnen. Moril dachte mit Entsetzen daran zurück, wie Kialan allein durch die Städte gegangen war, damit niemand merkte, daß er zu ihnen gehörte, wie er, sichtbar für alle Reisenden, mit ihnen im Planwagen gefahren war, wie er sogar Ganner als Familienmitglied vorgestellt worden war. Und wenn es wirklich Tholian gewesen war, den er in Markind gesehen hatte – Moril mochte nicht zu Ende denken, was für ein Risiko sie eingegangen waren. Clennen konnte nicht gewußt haben, wer Kialan war. Nie hätte er den Sohn eines Mannes mitgenommen, mit dem er verfeindet war. Aber es sah so aus, als ob Lenina es gewußt habe.

„Mir hätte auffallen sollen, daß du aus dem Norden kommst", sagte Brid, „als du sagtest, dein Name schreibe sich mit einem K. Sie benutzen kein K im Süden, nicht wahr? Ich hab mich gewundert, warum Mutter sagte, dein Name sei Collen."

Kialan kicherte. „Eure Mutter ist ganz schön kaltblütig, nicht?"

„Vermutlich. Aber hör mal, was hattet ihr überhaupt im Süden zu suchen, du und dein Bruder? Wußtet ihr nicht, was geschehen würde?"

„Es war nicht geplant", sagte Kialan. „Erinnert ihr euch noch an den Sturm im April?"

„Ja. Wir haben beinahe unser großes Zelt verloren. Weißt du noch, Moril?" Moril nickte.

„Und wir sind um ein Haar ertrunken", sagte Kialan. „Wir hatten unsere Tante auf der Insel Tulfer besucht, und der Sturm erwischte uns auf dem Rückweg. Er blies uns in alle Richtungen, unser Boot schlug leck, und der Kapitän sagte, wir müßten den nächsten Hafen anlaufen, wenn wir nicht untergehen wollten. Das taten wir dann auch, und es stellte sich heraus, daß es Holand war. Alle Grafen aus dem Süden waren dort versammelt und leckten sich die Finger nach uns. Um die Wahrheit zu sagen, zuerst hatte ich nicht einmal Angst, so froh war ich, wieder an Land zu sein."

„Wir waren zu der Zeit auch in der Nähe von Holand. Aber wir haben nie von der Sache gehört . . . O doch, Vater hat es als Neuigkeit erzählt, nicht wahr, Moril? Ob er auf diese Weise hineingeraten ist?" überlegte Brid laut.

„Ich glaube, das war anders", sagte Kialan. „Er hat mir zwar nicht viel erzählt, aber ich bin sicher, daß er das alles vorbereitet hat. Die Leute, die mir bei der Flucht geholfen haben, warteten immer auf Anweisungen vom *Träger,* was sie als nächstes tun sollten."

„Was? Vater? Der *Träger*?" fragte Moril verwirrt.

„Ja. Euer Vater", sagte Kialan. „Ihr wollt doch nicht etwa behaupten, ihr wüßtet nicht, daß er der *Träger* war?"

„Das war er nicht!" sagte Brid wütend. „Der *Träger* ist ein Spion, auf dessen Kopf eine Belohnung ausgesetzt ist."

„Ja, natürlich, im Süden", sagte Kialan. „Sie waren versessen darauf, ihn zu erwischen, weil er der Hauptverbindungsmann zum Norden war. Das müßt ihr doch gewußt haben! Er hat alle wichtigen Nachrichten und die meisten Flüchtlinge nach Norden gebracht. In diesem Wagen. Und er hat hier ein System gegen den Grafen aufgebaut – das weiß ich von Konian. Konian hat euren Vater um Hilfe gebeten, als die Verhandlung schon lief, aber die Nachricht erreichte euren Vater zu spät."

Sie fielen in düsteres Schweigen. Olob stapfte geduldig bergan und folgte dem Zickzackkurs der Straße. Brid und Moril dachten darüber nach, was Kialan gesagt hatte. „Und ich hab geglaubt", sagte Moril, „dein Vater und mein Vater wären Feinde!"

„Das dachte ich auch", sagte Kialan. „Aber ich glaube, sie haben es nur vorgetäuscht. Ich bin im vergangenen Jahr dahintergekommen. Mein Vater war verschwunden, und ich brauchte seinen Rat. Konian wurde böse und sagte, ich sollte endlich den Mund halten, Vater treffe sich mit Clennen dem Sänger wie üblich, und das dürfte niemand erfahren."

„Ich kann nicht glauben, daß mein Vater ein gewöhnlicher Spion war!" sagte Brid. „Warum hat er es mir nicht gesagt? Er hätte es mir sagen müssen! Es ist irgendwie hinterhältig!"

Kialan lachte laut auf. „Aber er war nicht hinterhältig! Das war das Großartige an ihm! Ich konnte es zuerst nicht fassen, daß er wirklich der *Träger* war, dieser dicke Mann mit der lauten, dröhnenden Stimme, der fortwährend versuchte, Eindruck zu machen. Ich dachte, es müsse ein schrecklicher Irrtum sein. Dann sah ich ihn in die Städte fahren, mit diesem scheußlichen bunten Wagen, in einem scharlachroten Kostüm, damit ihn auch ja keiner übersah, und hörte, wie er sich die Lunge aus dem Hals sang und ausposaunte, daß Zweitausend in Gold auf den Kopf des *Trägers* ausgesetzt seien. Es war unglaublich! Er und eure Mutter gaben Botschaften weiter und verteilten Briefe, und ich weiß, daß die Hälfte davon illegal war. Aber niemand merkte etwas, weil alles so offen geschah. Keiner hielt ihn für etwas anderes als für einen sehr guten Sänger. Und ich glaube, daß es Clennen den größten Spaß gemacht hat."

Moril war etwas erstaunt über dieses Bild seines Vaters, und doch stimmte es in gewisser Weise. Hatte Clennen ihre Vorstellungen nicht wie einen ziemlich ernsthaften Spaß betrachtet? Wenn er wirklich die ganze Zeit der *Träger* gewesen war, mußte das der Grund sein. „Daran ist Dagner vermutlich gescheitert", sagte er traurig. „Er hat versucht, es im geheimen zu tun."
„Es war wirklich furchtbar dumm von Dagner, sich einzubilden, er könne da weitermachen, wo Vater aufgehört hat", sagte Brid.
„Das hat Dagner nicht einen Augenblick lang versucht", sagte Kialan. „Aber Clennen bat ihn, die wichtigsten Dinge zu Ende zu bringen, wenn er das könnte. Dann sollte er in den Norden fahren und dort bleiben. Und die Botschaft für Untertal war wichtig, weil es um einen Spion ging, der sich dort eingemogelt hatte."
Moril seufzte. Er erzählte nicht, daß Dagner glaubte, er habe eben diesem Spion seine Botschaft übergeben. Er sagte: „Ich soll dir von Dagner ausrichten, daß Henda ein Lösegeld für dich gefordert hat. Und daß Tholian eine Armee aufstellt."
„O verdammt!" sagte Kialan müde. „Dann muß ich irgendwie durchkommen, nicht wahr? Du hast Dagner gesprochen? Wie hast du das geschafft?"
Moril erzählte Kialan alles, was im Gefängnis geschehen war. Unwillkürlich sprach er leise und sah sich jedesmal nach Tholians Haus um, wenn es wieder in ihr Blickfeld kam. Er war erleichtert, als sie den Kamm des ersten Hügels hinter sich hatten und das Haus nicht mehr sehen konnten.
„Du hattest Glück, Moril", sagte Brid. „Wenn du das gewußt hättest, was Kialan uns gerade erzählt hat, wären wir jetzt wahrscheinlich alle im Gefängnis."

Moril nickte bekümmert. Er hätte sicher nicht das Erstaunen vortäuschen können, das er empfunden hatte, als er hörte, warum Dagner festgenommen worden war. Aber er wußte, es war nur ein glücklicher Zufall, daß er Kialan nicht erwähnt hatte.

„Ich habe nicht verstanden, warum Clennen so großen Wert darauf legte, daß ihr beiden nichts erfahrt", sagte Kialan. „Er wollte nicht, daß ich sage, wer ich bin, und auch Dagner duldete es nicht. Aber das hat uns wahrscheinlich gerettet. Wenn es nur auch Dagner gerettet hätte!"

„Du denkst doch nicht, daß Dagner deinetwegen festgenommen wurde?" fragte Moril.

„Zuerst dachte ich es", sagte Kialan. „Ich dachte, jetzt seien wir alle dran, während ich da in der Hecke hockte. Als ich dann euren Wagen auftauchen sah, wagte ich meinen Augen kaum zu trauen. Nein, ich denke, Dagners Schwierigkeiten haben mit meinen nichts zu tun. Sie glauben wohl, er wollte auch ein bißchen den Freiheitskämpfer spielen. Hoffentlich kommt es Tholian nicht zu Ohren."

„Warum hat Tholian Vater getötet?" fragte Moril.

„Er suchte mich", antwortete Kialan, „und er wollte nicht, daß jemand davon erfährt. Angeblich war ich doch Hadds Gefangener – oder Hendas, darüber waren sie sich noch nicht einig, als ich ihnen entkam. Dagner meinte, daß vielleicht der Spion aus Untertal – oder auch der Mann, den sie gehängt haben, Tholian einen Wink gegeben haben könnte. Aber viel kann er nicht gewußt haben, sonst wären wir alle festgenommen worden."

„Wo warst du eigentlich die ganze Zeit, als sie im Wald herumstöberten?" fragte Brid.

„Auf einem Baum", sagte Kialan, „mit Kaninchen und allem. Sie durchkämmten das Unterholz, während du auf der Mandola spieltest, Moril, und es machte sie ganz verrückt. Ständig sagten sie, dieser verflixte Bengel und seine Musik brächten sie völlig durcheinander. Tholian schlug vor, zurückzugehen und dich auch zu töten, aber keiner war so recht bereit, sich die Mühe zu machen. Und als du aufhörtest, hatten sie genug von der Suche-rei und zogen ab."

„Gibst du sie mir bitte mal?" fragte Moril. Kialan kroch nach hinten und reichte die große Mandola zur Kutscherbank. Moril nahm sie entgegen und preßte sie an sich. Sie fühlte sich rund und hart und beruhigend an. Abgesehen davon, daß sie offenbar ihm und Kialan das Leben gerettet hatte, schien sie irgendwie ebensogut wie Olobs Nase zu sein. Er hatte das Gefühl, daß er sie brauchte – nach den Ereignissen dieses Tages.

„Spiel etwas", schlug Kialan vor.

„Nein, lieber nicht", sagte Brid. „Zuerst müssen wir entscheiden, welchen Weg wir nehmen. Wir sind mitten in Tholians Grafschaft. Jeder kennt diesen Wagen, und jeder kann sehen, daß wir auf dem Weg nach Norden sind. Außerdem haben wir kein Geld mehr. Ich nehme an, Vater hätte sich für diesen Weg entschieden, weil es verdächtig ausgesehen hätte, wenn er einen anderen Weg genommen hätte. Aber ich bin dafür, daß wir weiter östlich versuchen, über die Marsch nach Norden zu fahren."

„Vielleicht könnten wir es auf dem Seeweg versuchen", sagte Moril. „Wir sehen uns nach einem Boot um, wo sie einen Sänger suchen."

Kialan holte die Karte hervor und starrte darauf nieder. „So oder so würde es Ewigkeiten dauern. Von hier zum Flennpaß können es nicht mehr als vier Tagesreisen sein. Begreift ihr, worauf es jetzt ankommt? Tholian stellt eine Armee auf, um den Norden zu überfallen, und Henda hat von meinem Vater ein Lösegeld für mich verlangt, so daß mein Vater denken muß, ich sei in Gefangenschaft. Er wird es nicht wagen, etwas zu unternehmen! Wahrscheinlich ist Hendas Botschaft die erste Nachricht für meinen Vater. Bisher hat er sicher geglaubt, daß wir beide ertrunken sind. Versteht ihr, daß ich so schnell wie möglich nach Norden muß? Aber es ist natürlich eure Entscheidung, denn es ist euer Wagen."

„Oh, ist es wirklich unser Wagen?" fragte Brid. Da mußte Kialan lachen, wenn auch etwas verzagt.

„Wir fahren geradeaus weiter", entschied Moril unvermittelt. „Wir werden es wie Vater machen, ganz offen. Es hat bei ihm funktioniert und bei mir im Gefängnis auch."

Brid und Kialan schienen erleichtert, daß Moril die Führung übernommen hatte. Aber dann kamen ihnen Bedenken.

„Unschuldige Kinder und so, das ist ja alles ganz schön und gut", sagte Brid. „Wenn aber der Graf nun mal erfährt, daß Dagner die Geschäfte des *Trägers* weitergeführt hat?"

„Sie werden nach dem rosa Wagen suchen", sagte Kialan. „Wir sollten ihn anstreichen."

„Dunkelgrün wäre am besten", sagte Brid. „Aber wir haben kein Geld."

Ein Dorf kam in Sicht; es wirkte sehr klein vor den Hügeln des Nordens. „Tholian kennt mich", sagte Moril nachdenklich. „Er hat mich auf einer Leiter in Markind gesehen. Das ist das Problem, wenn man rotes Haar hat."

„Setz doch einen Hut auf", schlug Kialan vor.

Moril drehte sich empört um. In dem Augenblick sah er, daß Kialan völlig erschöpft war. Sein Gesicht war so weiß, wie ein dunkler Teint überhaupt nur werden kann, und unter den Augen hatte er dunkle Ringe. Das Wachehalten nachts und die Ereignisse in Untertal waren zuviel für ihn gewesen. „Leg dich hin, ruh dich aus", sagte Moril.
Kialan legte sich dankbar neben den Weinkrug, und Moril zog die Plane so weit vor, daß sie ihn verdeckte. Sie fuhren ohne Aufenthalt durch das Dorf. Brid lenkte den Wagen, und Moril saß neben ihr und klimperte leise auf der Mandola. Auf einem Hügel über dem Dorf stand ein merkwürdig kleiner grauer Turm, der den Lords der Hochlande gehörte. Brid warf scheue Blicke hinauf und zitterte vor Angst. Sie war besessen von Angst, seit sie wußte, daß sich der Sohn des Grafen von Hannart in ihrem Wagen versteckt hielt. Aber Moril war sich darüber im klaren, daß das Risiko nicht größer geworden war, nur weil sie es jetzt wußten.
Die Leute auf der Straße sahen ihnen nach. Einige kamen aus den Häusern, als sie den Wagen und die Mandola hörten. Als sie sahen, wer es war, lächelten sie und winkten. Brid versuchte zurückzulächeln, so gut sie konnte. Eine Frau trat zum Wagen und ging neben ihnen her.
„Wart ihr heute in Untertal?"
„Ja", sagte Moril.
„Ich habe gehört, daß dort ein Mann gehängt werden sollte."
„Ja", antwortete Moril. „Das stimmt. Wir haben ihn gesehen."
„Ich wußte es", sagte die Frau lächelnd. „Es mußte ja kommen."
Erst dachte Moril, sie sei froh darüber und habe den Gehängten gehaßt – bis er die Tränen in ihren Augen sah. Er begriff, daß sie

nur versuchte, ihre Gefühle zu verbergen. Er hätte gern etwas Freundliches zu ihr gesagt, aber sie hatte sich vom Wagen abgewandt und ging zu ihrem Haus zurück. Moril fragte sich, ob Clennen sie gekannt hatte und in welchem Verhältnis sie zu dem Gehängten stand.

Neuntes Kapitel

Etwa eine Meile hinter dem Dorf wollte Olob vom Weg abbiegen. Die Sonne verschwand schon hinter den blauen Bergen. Brid versuchte, ihn davon abzuhalten. „Nein, Olob. Wir müssen weiter."

„Laß ihn einen Rastplatz suchen", sagte Moril. „Wenn wir die Nacht hindurch fahren, sieht es ja aus, als hätten wir ein schlechtes Gewissen. Außerdem haben wir seit heute morgen nichts mehr gegessen."

„Du hast immerhin eine Pastete gegessen, du Glückspilz!" sagte Brid spitz, aber sie gab nach und ließ Olob eine Stelle wählen. Auf einem Flecken unter einer steilen Klippe blieb er stehen. Vom Felsen sickerte Wasser durch grünes Moos herab. Moril stieg mit einem weichen Gefühl in den Knien vom Wagen.

„Wenn wir unser Lager so nah beim Dorf aufschlagen", sagte Kialan, aus seinem Versteck hervorkriechend, „dann halten wir heute nacht lieber Wache."

„Warum?" fragte Moril. „Niemand wird sich die Mühe machen, nachts hier herzukommen, nicht wegen drei Kindern. Und wenn sie kommen, während wir noch wach sind, hören wir sie."

„Ich halte trotzdem Wache", sagte Kialan.

„Nein, das wirst du nicht", sagte Moril. „Es ist sinnlos."

„Du nimmst den Mund ja plötzlich ganz schön voll!" stellte Brid fest. Dann fuhr sie Kialan an: „Und wenn du krank wirst, weil

du jede Nacht Wache hältst, was sollen wir dann mit dir machen?"
Kialan schien genau wie Moril bemerkt zu haben, daß Brid wütend war, weil sie sich elend fühlte. Müde sagte er: „In Ordnung, ich gebe mich geschlagen." Dann begann er, Feuerholz zu sammeln, während Moril Olob das Geschirr abnahm.
Brid sah sich die Lebensmittel an, die Dagner gekauft hatte. „Was soll ich mit all dem Mehl?" fragte sie. „Und keine Eier!"
Dagner hatte wohl vorgehabt, sie mit so viel Lebensmitteln auszurüsten, daß sie damit auskommen würden, bis sie im Norden waren. Aber seine Gedanken mußten so sehr mit der Botschaft beschäftigt gewesen sein, die er weitergeben sollte, daß er nur wenig Sinnvolles gekauft hatte, den Speck zum Beispiel und einen großen Käse. Weniger sinnvoll waren die Linsen, Kerzen und ein großes Bund Rhabarber.
„Seht euch das an!" sagte Brid und schwenkte den Rhabarber. „Was hat er sich dabei nur gedacht?"
„Die reinste Geldverschwendung", sagte Kialan. „Hat er alles verbraucht, was ihr eingenommen hattet?"
„Ja", antwortete Brid. „Jeden Penny. Und er hat nicht einmal Brot gekauft."
Sie hatten ein etwas ungewöhnliches Abendessen, das aus gebratenem Speck, Käse und einer Art Pfannkuchen aus Mehl und Wasser bestand. Nachdem Brid vorsichtig einen probiert hatte, warf sie die anderen zu dem Speck in die Pfanne, und Kialan kam auf die Idee, Käse darüber schmelzen zu lassen, um den Geschmack zu verbessern. Danach waren sie immer noch so hungrig, daß sie ihr Mahl mit gekochtem Rhabarber abrundeten; zum Glück hatte Lenina etwas Zucker im Wagen gelassen.

Danach fühlte Moril sich besser. Er stand auf, holte einen Eimer Wasser und fing an, den Wagen zu waschen. Er sah sehr staubig und ungepflegt aus und hatte nach Morils Meinung etwas Verstohlenes, Illegales an sich. Während er arbeitete, dachte Moril an Dagner. Hoffentlich galt die Vernehmung durch den Richter nicht schon als Gerichtsverfahren. Aber es war fast zu befürchten. Moril fragte sich wieder, was Dagner beim Verhör gesagt haben mochte. Ihm fiel ein, wie Dagner versucht hatte, Clennens Arbeit auf Dagner-Weise zu tun. Es hatte wohl nicht gutgehen können.

Dagner war nervös und verschlossen gewesen und hatte einen verhängnisvollen Fehler gemacht. Andererseits war er Clennen so wenig ähnlich, daß er wahrscheinlich nichts anderes hatte tun können. Moril überlegte, ob er selbst versuchen sollte, Clennens Art nachzuahmen, aber er war auch nicht wie Clennen. Er wußte nicht, wie er war. Früher oder später mußte er es herausfinden.

Brid und Kialan wuschen die Töpfe ab. Kialan sah erschöpft aus. Brid kämpfte immer wieder mit den Tränen, und sie wischte sie zornig mit dem fettigen Handrücken ab. Dabei taten beide so, als wären sie in guter Stimmung.

„Glaubst du, die Pfannkuchen würden besser schmecken, wenn wir den Käse mit dem Mehl vermischten?" fragte Brid.

„Oder das Mehl mit Rhabarber? Eine Art Obstpfannkuchen", sagte Kialan.

„Igitt!" Brid schüttelte sich. „Wenn ich Dagner treffe, werde ich . . ." Sie wischte die erneut kullernden Tränen ab und sagte mit heiterer Stimme: „Er wird schon seine Gründe gehabt haben."

Moril goß das schmutzige Wasser weg. Gab es in ganz Dale-

mark drei Menschen, die noch unglücklicher waren als sie? Kialan mußte wissen, daß er ständig in Gefahr schwebte, für seine Gefährten bedeutete er auch eine Gefahr. Seit seiner Landung in Holand war sein Leben eine einzige nervenaufreibende Flucht, die noch nicht beendet war. Und er selbst und Brid hatten mit ansehen müssen, wie sich ihre Familie auflöste, bis nur noch sie beide übrig waren.
Moril hörte auf, sich selbst zu bemitleiden. Nein. Im letzten Jahr, als sie sich im sicheren Norden aufhielten, hatte Clennen ihnen einiges von den Dingen erzählt, die im Süden geschehen waren. Ganze Familien waren festgenommen worden. Die älteren hatte man gehängt, und Kinder, die jünger waren als Moril, waren allein und ohne einen Penny zurückgeblieben. Niemand wagte, ihnen zu helfen. Henda hatte eiskalt die Steuern verdoppelt, und wer nicht zahlen konnte, wurde auf die Straße gesetzt, dem Hungertod preisgegeben. Der alte Tholian hatte einen Greis mit Hunden jagen lassen, weil er nicht schnell genug den Hut vor ihm gezogen hatte. Moril wußte, daß es im Süden Hunderte von Leuten gab, denen es noch schlimmer ging als ihnen. Sie besaßen Pferd und Wagen. Clennen hatte ihnen etwas beigebracht, so daß sie ihren Lebensunterhalt verdienen konnten – und er hatte ihnen eine Lizenz hinterlassen. Wenn es ganz schlimm kam, konnten sie nach Markind zurückgehen. Doch der Gedanke gefiel Moril nicht. Er versuchte sich einzureden, daß sie wegen Kialan nicht zurückgehen konnten. Aber er wußte, daß das nicht der Grund war. Lenina würde Kialan helfen. Sie konnten nicht zurückfahren, weil er sich nicht darüber klar war, ob sie Lenina im Stich gelassen hatten oder Lenina sie. Das war der Grund. Er schob den Gedanken an Lenina beiseite und sagte:

„Wir geben noch ein paar Vorstellungen." Dann ging er zum Wagen, um die Instrumente zu putzen. Als sein Blick auf den Weinkrug fiel, blieb er stehen. „Weißt du etwas über diesen Krug?" rief er Kialan zu.
„Nein ... Oh, du meinst die Papiere?" fragte Kialan und kam zu ihm herüber. „Dagner hat sie sich in Markind angesehen, weil er die Botschaft für Untertal finden mußte. Sie sind zwischen Flasche und Korb."
Moril kroch in den Wagen, um nachzusehen. Kialan klappte die Hintertür herunter und zeigte ihm, wo er zwischen Flasche und Korb suchen mußte. Brid kam neugierig dazu und sah, wie Moril in dem Zwischenraum herumtastete und schließlich Papiere herauszog.
„Was sind das für Papiere?"
„Botschaften, die nicht so wichtig waren", sagte Kialan. „Wir hatten Glück, daß sie den Wagen nicht durchsucht haben."
Brid und Moril hielten die Zettel gegen das verblassende Tageslicht und buchstabierten Clennens Schrift: *Für Mattrick. Jemand in Untertal – ich glaube Halain – duftet nach Lavendel. Schmutzige Wäsche in Zukunft durch Pali und Fander.*
Die anderen Botschaften hatten denselben Inhalt und sollten in Orten zwischen Markind und Untertal übergeben werden.
„Wirf sie ins Feuer", sagte Moril zu Kialan. „Glaubst du jetzt, daß wir lesen können?"
Kialan lächelte und schob die Papiere in die Glut. Inzwischen tastete Moril die Flasche weiter ab. Als er halb herum war, stieß er auf mehr Papiere. Er zog sie hervor und faltete sie auseinander.
Diese Zettel trugen die Schrift verschiedener Leute. Einige schienen aus Gebieten des Südens zu sein, wo sie seit Jahren

nicht gewesen waren. Diese Zettel waren meistens von Lenina geschrieben. Moril freute sich, die zierliche, kühne Schrift seiner Mutter zu sehen. Er erkannte, daß Lenina, was sie auch von Clennens Freiheitskampf gedacht haben mochte, immer gewissenhaft getan hatte, was Clennen wünschte, solange er lebte – sogar auf die Gefahr hin, als Spionin gehängt zu werden.

Die Entdeckung gefiel Moril. Unter anderem hatte sie geschrieben: *Crady – 169 nach Untertal und Fledden geführt – 24 gestern zwangsweise angeworben, mit Pferden.* Die anderen Notizen sagten ziemlich das gleiche.

„Was soll das wohl heißen?" fragte Brid.

Kialan studierte die Notizen. „Vielleicht sind diese für meinen Vater bestimmt", sagte er nach einigem Nachdenken, „oder jemand anders im Norden. Es könnte sich um die Armee handeln, die Tholian aufstellt."

„Ich glaube, das ist es!" sagte Brid. „Es ist die verschlüsselte Mitteilung, wie viele Männer aus jedem Ort Soldat geworden sind. Meinst du nicht auch, Moril?"

„Wahrscheinlich", sagte Moril. Es schien ihn etwas zu langweilen. „Dann nehmen wir sie lieber mit nach Norden." Er legte die Zettel zurück und fuhr vorsichtshalber mit der Hand auch um die andere Seite der Flasche herum. Dabei stieß er auf kalte, harte Gegenstände, packte einen davon und zog ihn heraus. „Was sagt ihr nun?" Es war eine Goldmünze. „Wem gehört sie wohl?"

Sie waren alle verblüfft. Brid überlegte laut, ob es die Bezahlung für Kialans Reise nach Norden sein könnte, aber Moril und Kialan lachten sie aus. Dann hätte Clennen sich ja selbst bezahlt, da er das Ganze organisiert hatte. Eine andere Erklärung fiel ihnen nicht ein.

„Jedenfalls können wir morgen Lebensmittel kaufen", sagte Brid. „Dagegen hätte Vater bestimmt nichts einzuwenden."
„Sei doch nicht so dumm!" sagte Moril. „Haben wir schon jemals eine Goldmünze besessen? Jemand könnte auf die Idee kommen, wir hätten sie gestohlen, und wenn wir festgenommen werden, kommt alles heraus." Er steckte die Goldmünze sorgfältig wieder zurück hinter die Korbhülle.
Brid seufzte. „Eine ganze Flasche voll Gold! Na ja, schon gut. Vermutlich hast du recht: Es würde sonderbar aussehen. Ich will jetzt schlafen. Raus mit euch."
Moril half Kialan, das Zelt aufzuschlagen. Kialan war so müde, daß er einschlief, bevor die Sonne unterging. Moril aber war noch viel zu aufgeregt, um gleich einschlafen zu können. Er saß gegen die Felswand gelehnt und spielte zur Beruhigung leise auf der Mandola, während Olob in seiner Nähe Gras abrupfte. Moril fiel es immer noch schwer zu glauben, daß sein Vater ein weithin bekannter Mittelsmann gewesen war. Er hatte geglaubt, Clennen zu kennen. Jetzt mußte er einsehen, daß er ihn nicht gekannt hatte. Er fragte sich, wann Dagner es herausgefunden und was er dabei empfunden hatte. Und er gab sich Mühe, Clennen in diesem neuen Licht zu sehen.
Aber es war ihm unangenehm, an seinen Vater zu denken. Er wollte vergessen, wie das Blut in den See geströmt war, er wollte nicht darüber nachdenken, wie Clennen zwei so unterschiedliche Leben gleichzeitig hatte führen können. Statt dessen suchte Moril Zuflucht in nebelhaften Erinnerungen aus viel früheren Zeiten. Er dachte daran, wie der Wagen eine grüne Straße im Norden entlanggerollt war. Clennen saß auf dem Kutschbock, Lenina war neben ihm mit Flickarbeiten beschäftigt, und die drei

Kinder spielten fröhlich im Wageninneren. Die Sonne schien . . . Und plötzlich begann die Mandola zu seiner Überraschung ein verschwommenes Geräusch von sich zu geben. Es war ein sehr merkwürdiges Geräusch. Moril gefiel es nicht, und Olob sah sich mißbilligend nach der Störung um.

„Zeit zum Schlafengehen", sagte Moril zu Olob. Er stand auf und brachte die Mandola zurück in den Wagen.

Da drinnen war es heiß, und Brid und der Weinkrug schienen den Raum auszufüllen. Moril zögerte. Er dachte an Kialans Ellbogen und Knie. Aber er konnte die Hitze nicht ertragen, und so nahm er eine Decke und quetschte sich neben Kialan ins Zelt.

Kialan war glücklicherweise so erschöpft, daß er sich nicht rührte im Schlaf. Beide wachten ausgeruht und heiter auf. Nur Brid war noch in trüber Stimmung. Aber sie wurde munterer, nachdem Kialan ein Frühstück aus gebratenem Speck zubereitet hatte. Dann putzte Moril Olobs Geschirr. Er war entschlossen, Pferd und Wagen so adrett und unauffällig wie möglich herzurichten. Ohne daß ihn jemand darum gebeten hätte, ging Kialan zu Olob, um ihn zu striegeln. Erst jetzt wurde es Moril bewußt, daß Kialan seinen vollen Anteil an Aufgaben übernommen hatte, seit sie Markind verlassen hatten, und daß es bisher niemandem aufgefallen war. Keiner hatte sich bedankt.

„Du brauchst Olob nicht zu versorgen", sagte er. „Ich mach das schon."

„Soll ich herumstehen und zusehen, wie ihr euch kaputtarbeitet, oder was?" sagte Kialan. „Beweg dich, Olob, du Faulpelz!"

„Früher hast du das getan", sagte Brid. „Und außerdem bist du der Sohn eines Grafen."

„Darauf habe ich schon lange gewartet", sagte Kialan und verzog das Gesicht. „Ich wußte nie, was zuerst getan werden mußte, und ihr wart immer so viele und machtet ohnehin alles. Aber wenn ihr beide jetzt das Geld verdient, ist ja wohl klar, daß ihr nicht auch noch alles übrige allein tun müßt."

Brid sah wieder düster aus. „Ob wir wirklich Geld verdienen können? Ich meine – auch mit Dagner klangen wir so – so dünn und blaß, oder nicht?"

„Nein, kein bißchen", sagte Kialan. „Eure Vorstellung war nur anders. Ihr hättet nur Dagner mehr in den Mittelpunkt stellen sollen. Seine Lieder sind wirklich gut."

„Ja, nicht?" sagte Brid traurig. „Und jetzt . . ."

Kialan tauchte unter Olobs Nase auf. „Erinnerst du dich zufällig an Dagners Lieder, Moril? Ich meine, könntest du sie spielen?"

„Daran habe ich noch gar nicht gedacht!" sagte Moril. Als er mit dem Geschirr fertig war, holte er die Instrumente. Er nahm die große Mandola und versuchte es mit dem ersten Lied, das ihm in den Sinn kam. Aus irgendeinem Grund war es das Lied, das Dagner nie zu Ende gebracht hatte, weil Clennen ihm verboten hatte, es zu singen, bevor sie im Norden waren. Moril hielt nach den ersten Takten inne, um sich zu vergewissern, daß niemand in der Nähe war. Dann spielte er weiter.

Dagner hatte nur einen Teil der Melodie angedeutet. Da Moril nicht wußte, was Dagner beabsichtigt hatte, ließ er sich von den Worten tragen:

Komm zu mir, komm mit mir.
Die Amsel bittet: „Folge mir."

und dann weiter zu einem triumphierenden

Wo du hingehst, will auch ich gehen.

Kialan schien fast ergriffen vor Ehrfurcht. Aber sobald Brid erkannte, welches Lied es war, sah auch sie sich ängstlich um, ob niemand sie hörte. Moril wußte, daß er gegen das Gesetz verstieß. Aber er wollte das Lied zu Ende bringen, und so spielte er, fast herausfordernd, weiter bis zu *Die Sonne ist da.* Die Mandola brachte einen schrillen und widerspenstigen Ton hervor. Moril, der sich über seine eigene Furcht ärgerte, versuchte, die ersten schmelzenden Takte wieder einzufangen, aber es gelang ihm nur ein kratzendes unwirsches Klimpern. Dagner hätte es scheußlich gefunden. Am Ende spielte Moril wieder die ersten vier Zeilen, wie Dagner es vorgeschlagen hatte. Er dachte an Dagner, aber nicht sehr deutlich – mehr an Dagner als Teil jener glücklichen Familie auf einer grünen Straße im Norden, die er in der letzten Nacht vor sich gesehen hatte. Und wie in der letzten Nacht gab die Mandola wieder das merkwürdige, verschwommene Geräusch von sich.
Moril ließ sie los und sprang auf. Er konnte nicht anders. Die Mandola fiel mit einem melodischen Plumps ins Gras.
„Moril!“ sagte Brid. „Du machst sie kaputt!“
„Es war großartig!“ sagte Kialan. „Hör jetzt nicht auf.“
„Das ist mir gleichgültig!“ Moril war fast hysterisch. „Ich hätte Lust, auf ihr herumzutrampeln. Das verflixte Ding hat meine Gedanken gespielt! Sie hat das gespielt, was ich dachte!“
Brid und Kialan sahen einander an, dann Moril. „Meinst du nicht“, sagte Kialan, „daß sie so funktioniert? Es sind deine Gedanken, die die Kraft erzeugen.“
„Aber bei Vater hat sie das nie getan!“ rief Moril. „Er hat es mir gesagt! Nur ein einziges Mal, hat er gesagt.“
„Nun“, sagte Kialan verlegen, „vielleicht liegt es daran, daß er sie nicht richtig benutzen konnte. Es paßte nicht zu ihm.“

„Das eine Mal muß damals gewesen sein, als Vater Mutter bei Ganner sah“, sagte Brid. „Er wünschte sich so sehr, daß sie nicht Ganner, sondern ihn liebte, daß er die Mandola beeinflussen konnte, und Mutter verliebte sich tatsächlich in ihn.“

Moril brachte die Mandola zum Wagen. Brid holte sie wieder hervor und polierte sie für ihn, aber er tat so, als merke er es nicht. Als Olob, der Wagen und alle Instrumente vor Sauberkeit glänzten, machten sie sich wieder auf den Weg. Brid lenkte den Wagen. Moril saß neben ihr und probierte ein anderes Lied von Dagner auf seiner kleinen Sopranmandola. Aber es führte zu nichts. Die Sopranmandola klang nur dünn und schrill und schrecklich mittelmäßig. Entmutigt drehte Moril sich um und bat Kialan, die kleine Mandola zurückzulegen und ihm die große zu reichen.

Er nahm sie dankbar entgegen. Sie fühlte sich richtig an. Er war sich jetzt nicht mehr sicher, ob sie ein Trost oder eine Last war, aber wenn Kialan so mühelos akzeptieren konnte, daß die Mandola eine mächtige und geheimnisvolle Kraft besaß, dann konnte er es auch. Aber er wußte, daß er lernen mußte, mit ihr umzugehen. Man konnte seinen Lebensunterhalt nicht mit einer Mandola verdienen, die jammerte, wenn man sich elend fühlte, und krächzte, wenn man schlecht gelaunt war. „Wie soll ich anfangen?“ fragte er Kialan über die Schulter.

Kialan zögerte. „Vielleicht mußt du erst einmal versuchen, dich selbst zu verstehen“, sagte er vorsichtig. „Ich habe auch keine Ahnung, aber versuch es doch mal damit. Warum bist du zum Beispiel nicht in Markind geblieben? Nur weil du Tholian dort gesehen hast?“

Moril war inzwischen überzeugt, daß es nicht so war. „Warum

wolltest du nicht bleiben?" fragte er Brid. „Aus Pflichtgefühl gegenüber Vater?"

„Wie Mutter, meinst du?" fragte Brid. „N – nein. Ein bißchen vielleicht. Vaters Einstellung ist mir lieber als Mutters – aber eigentlich hat mich die Art gestört, wie Mutter zu Ganner zurückgegangen ist. Ich bin dies Leben hier gewohnt, und nichts sonst schien richtig zu sein."

Moril dachte, daß es so ähnlich auch für ihn galt. Doch es war noch etwas anderes. Er hätte Brid überreden können, zurück nach Markind zu gehen, nachdem Dagner festgenommen worden war, aber es war ihm nicht einmal in den Sinn gekommen. Er hatte auch nicht zurückgehen wollen, als sich herausstellte, wie gefährlich ihre Reise nach Norden wirklich war. Warum?

„Warum, Moril?" fragte Brid.

„Ich bin im Norden geboren", entgegnete Moril, ziemlich langsam. „Wenn ich – hm – von irgend etwas träume, träume ich immer vom Norden. Und der Norden ist richtig, und der Süden ist nicht richtig."

„Bravo!" sagte Kialan.

Moril lächelte ihn über die Schulter an. „Aber ich verstehe es immer noch nicht", sagte er.

Auf der Hügelkuppe sahen sie ein Dorf, einen sehr kleinen Ort, nur zehn Häuser und eine Schenke, die sich an den steilen Abhang drückten.

»Laßt uns hier keine Vorstellung geben", sagte Brid. „Noch ein Stück weiter ist ein größerer Ort, daran erinnere ich mich."

Sie fuhren am Dorf vorbei und kamen in ein breiteres Oberland. Hier weideten überall Schafe. Als der Vormittag halb verstrichen war, begann Morils Mandola schwermütig zu klingen. „Ich

weiß immer noch nicht, wie wir beide es schaffen sollen, viel einzunehmen", sagte er.
„Wäre es eine Hilfe", fragte Kialan, „wenn ich so täte, als sei ich Dagner?"
Beide Köpfe wandten sich ihm zu. Es schien eine großartige Idee zu sein.
„Ob sich die Leute an Dagner vom letzten Jahr erinnern werden?" fragte Kialan.
„Im letzten Jahr haben wir in den Oberlanden überhaupt keine Vorstellung gegeben", sagte Brid. „Aber . . ."
„Ich habe nachgedacht", sagte Kialan. „Außer den Grafen weiß niemand, daß ich im Süden bin. Und die Gegend hier ist so abgelegen, daß keiner von Dagners Festnahme erfährt, wenn wir es ihnen nicht erzählen. Ich glaube schon, daß es einigermaßen sicher wäre – und auch ein bißchen im Sinn eures Vaters."
Moril machte den naheliegenden Einwand. „Aber du kannst nicht singen." Sie sahen einander an. Moril dachte daran, wie Kialan bei seinem Unterricht bei Clennen immer zugehört hatte. Wie er jedesmal in der Menge aufgetaucht war, wenn sie eine Vorstellung gegeben hatten, und so gut Bescheid zu wissen schien, als die große Mandola gestimmt werden mußte. „Oder doch?" fragte Moril.
„Nicht so gut wie ihr", sagte Kialan, „aber – darf ich mir kurz eine Mandola ausleihen?"
„Nur zu", sagte Brid.
Kialan nahm Dagners Mandola und stimmte sie, ohne daß ihm jemand den Ton angeben mußte. Moril und Brid tauschten einen Blick. Das konnten sie beide nicht. Und als Kialan zu spielen begann, wußten sie sofort, daß er außerordentlich begabt war, wenn auch aus der Übung. Wenn er nicht so gut sang wie er

spielte, lag es nur daran, daß er in einem Alter war, in dem die Stimme unkontrolliert zwischen hoch und tief schwankt.
Was Kialan sang, war ein Lied von Adon, eines, das Clennen im Süden nie gesungen hatte.

Grenzenlose Wahrheit ist nicht ein Ding,
Das gebunden ist an Zeit und Ort . . .

„Oh!" sagte Brid und schaute sich ängstlich um.
„Niemand zu sehen. Sei still!" sagte Moril.
Diesen erste Teil spielte Kialan peinlich genau auf die alte Art. Aber dann blinzelte er Moril zu und ging zu der Fingertechnik über, die Moril in Untertal angewendet hatte.

Wahrheit wechselt den Raum immerfort
Kraft ihrer Nähe zur Wirklichkeit.
Sie bewegt die Hügel und mich so weit,
Weiter als die Welt, oder nah
Wie in einer Nuß. Sie ist frei allezeit,
Und Gesetze sind Steine oder gar nicht da,
Und der Mensch ist nichts ohne sie.

„Oh, das hat mir gefallen!" sagte Moril.
„Ich habe mir ein Beispiel an dir genommen", sagte Kialan etwas verlegen. „Mir gefällt der alte Stil auch nicht, und ich sehe nicht ein, warum alles Alte wie ein Heiligtum behandelt werden sollte. Aber ich bin völlig aus der Übung! Denkst du, ich könnte euch nützlich sein?"
„Aber natürlich kannst du das", sagte Brid. „Du alter Schwind-

ler. Warum um alles auf der Welt hast du nicht vorher gesagt, daß du so gut bist? Vater hätte dich ins Programm genommen, anstatt dich durch die Gegend laufen zu lassen."

„Ich weiß!" sagte Kialan und verzog das Gesicht. „Er hätte mich in Scharlachrot gesteckt und mit mir geprahlt. Zuerst mochte ich nichts sagen – ihr wart alle so hervorragend –, und als ich euern Vater besser kannte, wäre ich lieber gestorben, als es ihm zu sagen. Das Herumwandern war schon schlimm genug."

Sie ließen Olob auf dem Anger des nächsten Dorfes halten, und es waren wieder drei, die sangen und spielten. Moril und Kialan waren nervös, Brid war wie gewöhnlich selbstsicher wie eine Königin. Moril sang ein oder zwei von Dagners Liedern, aber im übrigen sangen sie vorwiegend Balladen, weil Brid sie besonders gern hatte und Kialan schwierigen Dingen nicht gewachsen war. Einige Leute hatten sich zusammengefunden und hörten zu. Sie klatschten, einige riefen nach einer Zugabe, und Brid sang den *Kuh-Ruf.* Sie nahmen etwas Geld ein, genug, um Eier, Milch und Butter zu kaufen, und eine Frau schenkte Brid einen Korb voll verschrumpelter Äpfel. Es war kein umwerfender Erfolg, aber es war auch kein völliger Mißerfolg.

„Wir schaffen es!" sagte Brid.

Moril lächelte und schlug die Saiten seiner Mandola, während sie weiter nach Norden fuhren. Hin und wieder spielte er eine richtige Melodie, und Kialan begleitete ihn auf Dagners Mandola. Kialan wurde mit jeder Minute geschickter. Sie experimentierten und erprobten neue Effekte. Moril hatte selten soviel Spaß am Musikmachen gehabt. Fast wünschte er sich, daß der Weg nach Hannart doppelt so lang wäre.

Zehntes Kapitel

Zum Mittag machten sie sich eine Art Käse-Omelett und aßen es auf einer grünen Halbinsel zwischen zwei rauschenden Bächen. Kialan behauptete, was sie da aßen, seien Rühreier. Brid widersprach. Moril beteiligte sich nicht an dem Streit, weil er dem Rauschen des Wassers lauschte. Es erinnerte ihn an den Norden. Er dachte verträumt darüber nach, ob man das Geräusch in einer Melodie einfangen könnte, als Brid ihn energisch aufrüttelte und ihm mitteilte, daß sie weiterführen.

„Das war nicht nötig!" sagte Kialan vorwurfsvoll.

„Warum nicht? Du weißt doch, wie verrückt er einen machen kann, wenn er anfängt zu träumen", antwortete Brid.

„Ja, aber das ist eben seine Art", sagte Kialan. „Er ist etwa sechsmal wacher als die meisten Leute. Ich wette, er hat jedes unserer Worte gehört – nicht wahr, Moril?"

„Das habe ich wahrscheinlich", sagte Moril etwas erstaunt.

„Kann ich ein Stück lenken?" fragte Kialan.

Weder Brid noch Moril hatten etwas dagegen. Es schien die beste Gelegenheit, Olob klarzumachen, daß Kialan jetzt ein vollwertiges Mitglied des Unternehmens war, nicht mehr ein Fahrgast. So ergriff Kialan die Zügel, und Olob trottete weiter durch das einsame Oberland.

Sie kamen an eine steile Erhebung, die zum dritten und letzten Oberland führte. Es war die höchste und auch die schönste der drei Steigungen, weil sie bis nach oben von Bäumen gesäumt war. Obwohl es die Hauptstraße war, verengte sie sich zu einem ausgefahrenen Weg, feucht und steinig, der sich mühsam durch den Wald nach oben wand. Das Sonnenlicht fiel durch das helle Frühlingslaub. Sie blickten alle drei nach oben und lachten, als ihre Gesichter fleckig und grünlich wurden.

Aber Olob wurde immer unruhiger. Entweder hatte er nun etwas dagegen, daß Kialan die Zügel hielt, oder dagegen, daß er zweimal an einem Tag einen steilen Berg hinaufklettern mußte. Zuerst warf er nur den Kopf zurück und blieb stehen. Kialan überredete ihn, sich wieder in Bewegung zu setzen, aber es wurde von Mal zu Mal schwieriger. Und als sie weiter nach oben kamen, begann Olob einmal in diese Richtung zu stapfen, einmal in jene, so daß die Wagenräder sich im Weißdorn am Wegrand verfingen. Kialan wurde ärgerlich. Als Olob es zum viertenmal machte, verlor er die Geduld und beschimpfte ihn. Olob stellte sich prompt quer zum Weg und schien die steile Böschung zum Wald hinaufklettern zu wollen. Moril rechnete schon damit, daß der Wagen jeden Augenblick umstürzen würde. Der Weinkrug kippte und stieß Brid zur Seite, während alle Mandolasaiten zu schwirren begannen.

„Laß mich mal ran", sagte Moril.

Kialan reichte ihm verdrossen die Zügel. Moril stützte seine Mandola auf den Knien ab und versuchte mit beiden Händen und einigem Stimmaufwand, Olob zu überreden, wieder auf die Straße zurückzukehren. Olob weigerte sich, aus den Büschen herauszukommen.

„Was ist in ihn gefahren?" fragte Kialan.

„Keine Ahnung", sagte Moril. Während er es sagte, schoß ihm

etwas durch den Kopf, die Erinnerung an zwei ähnliche Situationen. Zwischen ihm und Lenina war es fast wörtlich zum gleichen Wortwechsel wie eben gekommen, kurz bevor Tholian auftauchte und Clennen tötete. Und hatte sich Olob in Untertal nicht wie ein Fohlen benommen, kurz bevor Dagner festgenommen wurde? „Rasch!“ sagte er zu Kialan. „In der Nähe sind Feinde, und Olob weiß es. Steig aus und lauf durch den Wald. Versuch dich an ihnen vorbeizuschleichen.“
„Wie kann er das wissen?“ fragte Kialan mit gelangweiltem Blick.
„Ich weiß es nicht, aber es stimmt. Vater sagte immer, er würde Olob nicht gegen eine Grafschaft eintauschen, und das wird wohl der Grund sein. Steig aus, hab ich gesagt!“ drängte Moril.
„Tu, was er sagt, Kialan!“ rief Brid aus dem Wageninnern.
Mit mürrischem Gesicht ließ Kialan sich vom Wagen herunter. Er kroch durch die Büsche, die Olob schon beiseite gedrückt hatte, und verschwand zwischen den höher gelegenen Bäumen. Moril hörte seine unwirschen Schritte auf dem steilen Berghang.
„Geh leise!“ rief er, aber er wußte, daß Kialan sich nicht darum kümmern würde. Moril ließ die Mandola in den schräg stehenden Wagen fallen und ging zu Olob. Olob war nicht gewillt, den Busch zu verlassen. „Ich weiß, alter Junge, aber wir müssen weiter und unschuldig tun“, sagte Moril. „Komm jetzt, komm schon!“
Es kostete einige Zeit und Arbeit, Olob wieder auf die Straße zu bringen. Widerwillig kletterte er weiter bergauf. Über ihnen im Wald hielt Kialan Schritt mit dem Wagen, wie das laute Rascheln und Knacken von Zweigen verriet. Moril wünschte, er würde nicht soviel Lärm machen.

Olob schleppte sich um drei Biegungen herum, und Brid schien immer noch im Wagen beschäftigt zu sein. „Was machst du eigentlich?" fragte Moril.
„Ich ziehe meine Stiefel an", sagte Brid. „Wenn wirklich Feinde in der Nähe sind, will ich wenigstens anständig aussehen. Und ich stecke das scharfe Messer in den rechten Stiefel." Kurz darauf kam sie nach vorn. Sie sah entschlossen aus und trat fest auf mit ihren Stiefeln. „Laß mich fahren", sagte sie.
Moril reichte ihr die Zügel und hängte sich die Mandola um den Hals, um auf seine Weise einen anständigen Eindruck zu machen. Seine Stiefel waren inzwischen nicht mehr halb so neu und gepflegt anzusehen wie Brids.
Brid wurde besser mit Olob fertig. Er zog eine große Schau ab, um zu zeigen, daß dies die schwierigste Kletterei seines Lebens war, und tat alles nur Erdenkliche, um sie zur Umkehr zu bewegen, aber Brid trieb ihn weiter voran. Moril versuchte, durch das Hufgetrappel hindurch Kialan zu hören, aber es war nichts mehr zu hören. Inzwischen hatten sie den Gipfel fast erreicht. Sie kamen um die vermutlich letzte Biegung, und Olob scheute.
„Kluger Olob", lobte Brid.
Ein stabiles Holzgestell versperrte die Straße. Um das Gestell herum standen mehrere Männer, und einer saß obendrauf. Sie trugen alle Stahlkappen und einen Brustharnisch, der in der Mitte eine Spitze hatte. Sie hatten hohe schwarze Stiefel an. An ihrer Seite hingen schwarze Lederscheiden, in denen lange Schwerter steckten. Es waren Soldaten.
Brid lenkte den beunruhigten Olob näher. „Würdet Ihr bitte das Gestell zur Seite schieben? Wir müssen da vorbei", sagte sie hochmütig. Sie war eingeschüchtert und voller Angst, aber es

waren genügend Soldaten dort, um ihr das Gefühl zu geben, sie habe Publikum.
Drei der Männer schlenderten auf sie zu. Keiner von ihnen machte Anstalten, das Gestell zur Seite zu schieben. „Was führt euch hierher?" fragte einer. Die beiden anderen schlenderten weiter und schauten in den Wagen.
„Nach dem Wein zu urteilen, sind es Trunkenbolde", sagte einer, und beide grinsten.
„Wir sind Sänger", sagte Brid. „Seht Ihr das nicht?"
„Dann zeigt mir mal eure Lizenz", sagte der erste Mann und streckte die Hand aus. Brid zögerte, dann holte sie die Lizenz aus dem Kasten unter dem Sitz und reichte sie ihm. Er warf einen flüchtigen Blick darauf. „Wer von euch ist Clennen?"
„Das ist mein Vater", sagte Brid. „Er ist vor vier Tagen getötet worden."
„Dann habt ihr für euch keine Lizenz, oder?" fragte der Mann.
„Doch, wir haben eine", antwortete Brid. „Diese Lizenz berechtigt uns, noch sechs weitere Monate aufzutreten. So ist das Gesetz, und Ihr könnt nicht behaupten, daß das nicht so ist."
„Es mag Gesetz in den anderen Grafschaften sein, doch nicht in den Südtälern", sagte der Mann grinsend. „Ihr habt das Kleingeschriebene nicht gelesen." Er rollte das Pergament auseinander und zeigte unbestimmt auf den unteren Rand. Als Brid sich vorbeugte, zog er es weg und rollte es wieder zusammen. „Wirklich unangenehm", sagte er. „Ihr kommt wohl besser mit."
„Es steht überhaupt nicht da!" sagte Brid erbost. „Ihr benutzt das nur als Vorwand. Die Lizenz ist völlig in Ordnung, und Ihr wißt es!"
Der Mann grinste nicht mehr. „Ihr werdet tun, was man euch

sagt", befahl er und nickte einem der Männer zu, der Olob am Halfter ergriff. Die anderen schoben das Gestell zur Seite. Olob wurde vorwärts gezerrt. Er leistete passiven Widerstand, so gut er konnte, aber Stück für Stück ging es voran. Brid und Moril auf dem Wagen fühlten sich völlig hilflos. Es war eindeutig, daß jemand – vermutlich Tholian – den Befehl gegeben hatte, alle Reisenden festzuhalten. Moril schaute sich um und sah, daß die Soldaten das Gestell wieder auf die Straße geschoben hatten. Sie warteten auf neue Opfer. Er spielte mit dem Gedanken, vom Wagen zu springen und davonzulaufen. Aber an jeder Seite ging ein Soldat, und ein Fluchtversuch schien sinnlos. Ihre einzige Chance war wohl, Clennens Trick anzuwenden und sich so offen und unschuldig wie möglich zu geben.

Sie fuhren etwa fünfzig Meter weit. Dann kamen sie zu einer Abzweigung, und der Soldat zerrte Olob auf diese Straße. Moril hatte diese Abzweigung völlig vergessen.

„Wohin führt die Straße da?" fragte er Brid. Er war erschrocken, denn Kialan würde sie auf seinem Weg zum letzten der Oberlande überqueren müssen.

„Auf der einen Seite ist ein Nebental", sagte Brid. „Wir haben dort vor zwei Jahren unser Lager aufgebaut, weißt du nicht mehr? Moril, sie werden uns doch gehen lassen, meinst du nicht auch?"

Moril warf den Soldaten einen Blick zu. „Wir haben nichts Unrechtes getan", sagte er vorsichtig. Aber während er es sagte, kam ihm der Weinkrug in den Sinn, und er fragte sich, warum sie ihn nicht irgendwo zurückgelassen hatten.

Oben im Wald, rechts von ihnen, knackte ein Zweig. Moril schaute auf und sah dann rasch wieder fort, für den Fall, daß die

Soldaten etwas bemerkt hatten. Er hatte Kialan sehr deutlich gesehen, wie er auf den Wagen hinunterstarrte, beunruhigt und verwirrt, als verstehe er nicht, was da vor sich ging. Moril versuchte, Kialan durch reine Willenskraft zu veranlassen, die Straße zu überqueren, solange er noch die Möglichkeit hatte. Aber Moril befürchtete sehr, daß Kialan dem Wagen folgen wollte.

Der Wald öffnete sich wie das Ende eines Tunnels, und das Tal lag vor ihnen. Brid stöhnte leise auf. Es wimmelte von Zelten, Waffen, Pferden und Soldaten, so weit ihre Blicke reichten. Es war ein sich lang hinziehendes, enges Tal, das sich dahinwand, so daß man nur die Hälfte überblicken konnte. Aber es bestand kein Zweifel, daß der nicht sichtbare Teil ebenfalls voller Soldaten, Waffen und Zelte war.

Das vorderste Zelt war sehr groß. Davor stand ein Stuhl, und auf dem Stuhl saß Tholian. Er wandte den Kopf, als der Wagen zwischen den Bäumen hervorkam. Moril wurde klar, daß Clennens Methode ihnen hier nicht helfen konnte. Es war fraglich, ob irgendeine Methode ihnen noch helfen konnte.

„Absteigen!" befahl einer der Soldaten.

Sie kletterten vom Wagen, Brid in ihren Stiefeln etwas ungeschickt, Moril die Mandola an sich drückend. Von dort, wo sie standen, hatten sie einen noch besseren Blick auf das von Menschen wimmelnde Tal. Moril erinnerte sich schwach, daß hier im vorletzten Jahr Wiesen und Felder gewesen waren. Davon war jetzt keine Spur mehr vorhanden.

Während sie zu Tholian geführt wurden, sah Moril nur Männer, die exerzierten und gedrillt wurden, das ganze Tal hinunter. Das Gras und alles Getreide, das dort gewachsen sein mochte, war

heruntergetrampelt. Nur um Tholians großes Zelt herum war noch ein grüner Streifen.
Tholian gab ein Zeichen, daß Brid und Moril neben dem Grasstreifen stehenbleiben sollten. Seine blassen Augen hefteten sich auf die Soldaten. „Nur diese beiden im Wagen?"
Moril benutzte die Gelegenheit, einen Blick nach hinten zu werfen, um zu sehen, was aus Olob und dem Wagen geworden war. Mit Genugtuung stellte er fest, daß der Soldat Mühe hatte, den widerspenstigen Olob an einen Baum neben der Straße zu binden.
„Darf ich um deine Aufmerksamkeit bitten, Vetter?" hörte er Tholian sagen und drehte sich rasch wieder um. Tholians Stimme klang gereizt. Aber er lächelte. „Wir sind doch verwandt, nicht wahr?" fragte er.
Moril dachte nach. „Vermutlich. Ich glaube, Mutter ist Eure Cousine."
„Zweiten Grades", sagte Tholian. „Was uns zu Vettern dritten Grades macht, nehme ich an."
„Es wundert mich, daß Ihr das alles bestätigt", sagte Brid. „Wenn man bedenkt . . ."
„Warum nicht?" fragte Tholian. „Es tut euch nicht weh. Aber denkt ja nicht, daß eure Mutter einen Penny Mitgift von mir erhält. Ganner ist ein Dummkopf, wenn er glaubt, ich würde ihn wegen Lenina zum reichen Mann machen."
Moril fand, daß es ein sehr seltsamer Anfang einer Unterhaltung mit Tholian war. Er fragte sich, ob Tholian wohl etwas verrückt sei.
„Ich glaube nicht, daß Ganner so etwas erwartet", sagte er.
„Er hat Mutter gern, versteht Ihr?" fügte Brid hinzu.
Tholian lachte. „Ich sag's doch, er ist ein Dummkopf." Seine

Stimme klang so verächtlich, daß Brid Ganner fast verteidigt hätte. „Aber ich bin auf der Hochzeit gewesen", fuhr er fort, bevor Brid etwas sagen konnte, „im Gegensatz zu euch. Ihr habt den alten Ganner in hübsche Aufregung versetzt, als ihr einfach so verschwunden seid. Eure Mutter hat es viel gelassener aufgenommen. Ich habe ihnen versprochen, mich auf der Straße nach euch umzusehen und euch nach Markind zurückzuschicken, wenn ich euch finde."
„Das war sehr freundlich von Euch", sagte Brid kalt. Sie zeigte ihre Erleichterung nicht. Und auch Moril fühlte sich allmählich sehr erleichtert. Wenn Tholian sie nur als alberne kleine Verwandte betrachtete und Ganner einen Gefallen tun wollte, dann war ihre Lage nicht annähernd so schlimm, wie sie befürchtet hatten. Es wäre ärgerlich, wenn man sie nach Markind zurückschickte, aber wenigstens Kialan konnte mit etwas Glück von hier aus zu Fuß in den Norden gelangen.
„Hat Mutter Euch nicht erkannt?" fragte Moril langsam. Er war verwirrt, daß Tholian jetzt ein Freund der Familie sein sollte.
„Natürlich", sagte Tholian gelassen. „Aber da ich Ganners Oberherr bin, konnte sie nichts sagen, und das hat sie auch nicht getan. Sie hat eine Art, Dinge schweigend zu sagen, eure Mutter. Was ist übrigens aus euren Brüdern geworden?"
Er wollte ihnen zeigen, wieviel er wußte. Es versetzte beiden einen Schock. Moril reagierte schneller, weil er sich auf sein übliches schläfriges Aussehen verlassen konnte. Er starrte Tholian auf seine etwas unbestimmte, freundliche Art an, obwohl er noch nie im Leben so bestimmte und unfreundliche Gefühle gehabt hatte. Aber Brid war so erschüttert, daß sie Tholian etwas vorspielen mußte.

„Komisch, daß Ihr fragt“, sagte sie gekünstelt heiter. „Wir wissen nicht genau . . .“
„Doch, das tun wir, Brid“, unterbrach Moril sie. Er befürchtete, daß sie sich in Schwierigkeiten plappern würde. „Dagner ist nach Markind zurückgekehrt.“ Es war eine riskante Behauptung, aber wenn Tholian bereits wußte, daß Dagner festgenommen worden war und warum, spielte es sowieso keine Rolle mehr, was er sagte.
„Tatsächlich?“ Tholian zeigte nicht, ob er von Dagner gehört hatte oder nicht. „Und was ist mit Collen?“
Moril wußte, daß Tholian Kialan in Markind nicht gesehen hatte. Wenn er ihn gesehen hätte, wäre es ihnen nicht gelungen abzufahren. Ganner mußte ihn später erwähnt haben. Moril öffnete den Mund, um zu sagen, daß sie keinen anderen Bruder hätten, aber zu seinem Verdruß kam Brid ihm zuvor und sagte temperamentvoll: „Oh, Collen! Er ist so blöd, daß man nie weiß, was er als nächstes anstellen wird! Aber wir glauben, daß er mit Dagner gegangen ist.“
„Seltsam“, sagte Tholian. Seine wenig vertrauenerweckenden Augen glitten langsam über Brid. „Ich dachte nämlich, meine Informationen seien verläßlich, daß ihr heute morgen zu dritt eine Vorstellung in Obertal gegeben habt.“
Sie hatten offenbar einen verhängnisvollen Fehler gemacht. Aber wie hätten sie wissen sollen, daß Tholian so nahe war? Sie konnten jetzt nur sagen, daß der Dritte Dagner gewesen sei. Moril setzte an, aber wieder kam Brid ihm zuvor. „Ja, natürlich. Das erzähle ich Euch doch gerade. Danach ist Collen zurückgegangen. Er sagte, er wolle nach Untertal, und ein – ein Bauernwagen hat ihn mitgenommen.“

Moril wünschte, Brid hätte ihm das Reden überlassen. Brid war nicht so schlau, wie sie dachte. Zweifellos war sie sehr zufrieden mit sich, aber zuerst hatte sie Kialans Existenz zugegeben und jetzt auch noch, daß er sich ganz in der Nähe befand, und Moril wußte, daß beides nicht nötig gewesen wäre. Tholian hatte Kialan nie mit ihnen zusammen gesehen. Er stützte sich nur auf Vermutungen. Aber jetzt konnte er fast sicher sein, daß seine Vermutungen zutrafen. Er sah Brid an, quälte sie, indem er sie nur anstarrte mit seinen ausdruckslosen Augen, und offensichtlich machte ihm das Spaß.

„Ich glaube, daß ihr die Situation nicht so ganz versteht", sagte er. „Ich bin bereit, euch beide sicher nach Markind zurück geleiten zu lassen – im Austausch gegen Kialan Kerilsson. Unter keiner anderen Bedingung. Ist das jetzt klar?"

„Mir ist überhaupt nichts klar", sagte Brid tapfer.

Tholian sah Moril an. „Und dir?"

Moril versuchte, einiges von dem Schaden, den Brid angerichtet hatte, wieder gutzumachen, indem er sagte: „Eigentlich nicht. Wer ist diese Person, von der Ihr eben spracht?"

Tholian sah wieder Brid an. „Keril", antwortete er, „ist, wie ihr sicher wißt, der Graf von Hannart." Ohne sich umzudrehen, schnalzte er mit den Fingern. Einige Männer in seiner Nähe eilten herbei. „Hört mir zu", sagte Tholian. „Kialan Kerilsson ist etwa einen Meter siebzig groß, kräftig gebaut, bräunliche Hautfarbe, helles Haar. Seine Nase ist gebogen, seine Augen haben etwa die gleiche Farbe wie meine. Durchsucht den Wald nach einem Jungen, auf den diese Beschreibung zutrifft."

Die Männer machten sofort kehrt und liefen tiefer in das Tal hinein. Brid versuchte, ihre Bestürzung zu verbergen – wie

Moril erwartet hatte –, indem sie mit unnatürlich strahlendem Gesicht sagte: „Was für eine sonderbare Person Ihr da beschreibt!"

„Nein, durchaus nicht", sagte Tholian. „Nur typisch für jemanden aus dem Norden." Hinter ihm fuchtelten Offiziere mit den Armen und brüllten Befehle. Die Soldaten hörten mit dem Exerzieren auf und bewegten sich im Laufschritt auf den Wald hinter Moril und Brid zu. Moril konnte nur hoffen, daß Kialan vernünftig genug gewesen war, die Straße zu überqueren und sich so schnell wie möglich nach Norden abzusetzen. Tholian wandte den Blick wieder Brid zu. „Du scheinst dir Sorgen zu machen", sagte er und lachte sie an.

„Nicht im geringsten", sagte Brid hochmütig.

„Du dagegen nicht." Tholian sah Moril an. „Warum nicht?"

Moril war nicht bereit, Tholians Spielchen mitzuspielen. „Warum habt Ihr meinen Vater getötet?" fragte er geradeheraus.

Tholian ließ sich nicht aus der Ruhe bringen. Die Gelassenheit, mit der er die Frage aufnahm, brachte Moril ziemlich aus der Fassung. Es erinnerte ihn an Lenina. „Nun, da muß ich mal nachdenken." Tholian tat so, als versuche er, sich zu erinnern. Moril dachte daran, wie gelassen Lenina Clennens blutende Wunde versorgt hatte, und erkannte eine deutliche Familienähnlichkeit zwischen den beiden. Ihm wäre lieber gewesen, er hätte diese Ähnlichkeit nicht bemerkt. „Ich hatte gewisse Schwierigkeiten bei der Suche nach Kialan", sagte Tholian, „wenn ich mich recht erinnere. Aber ich glaube, in erster Linie habe ich euren Vater getötet, weil er wahrscheinlich der *Träger* war."

Brid schien der Atem zu stocken, was Tholian belustigte. Moril

hatte ein Gefühl der Hoffnungslosigkeit, wenn er sich auch bemühte, es nicht zu zeigen. „Wenn Ihr das dachtet, warum habt Ihr ihn dann nicht festnehmen lassen?" fragte er.
„Wie es das Gesetz vorschreibt – anstatt ihn zu ermorden", fügte Brid hinzu. Sie war so verzweifelt, daß es sie nicht länger kümmerte, was sie sagte.
„Aber das wäre sehr dumm gewesen", sagte Tholian lachend. „Ein Mann, der wegen Verbrechen, wie der *Träger* sie begangen hat, vor Gericht gestellt wird, wird sehr leicht zum Helden. Er wird gehängt, und die Leute sind auf seiner Seite oder werden sogar zu Rebellen. Außerdem habe ich Clennens Vorstellungen in Untertal gesehen, und ich wollte ihm wirklich nicht die Möglichkeit zur größten Vorstellung seines Lebens geben. Er hätte zuviel Spaß daran gehabt."
„Ihr ..." Brid suchte nach dem scheußlichsten Wort, das sie kannte. „Satan!" zischte sie.
Tholian lachte natürlich.
Moril sagte nichts. Bisher hatte er Tholian nicht gemocht. Er hatte ihn gefürchtet, weil er mächtig war und so sonderbare Augen hatte. Aber jetzt haßte er ihn, leidenschaftlich und ganz persönlich. Vermutlich hätte er ihn schon vorher hassen müssen, aber merkwürdigerweise war ihm Clennens Tod fast wie ein Unfall erschienen, ungerecht, wie Unfälle nun einmal sind. Jetzt, da er wußte, daß Tholian mit Absicht ungerecht gehandelt hatte, haßte er ihn.
„Und wie habt Ihr Vater gefunden?" fragte Brid. „Hat Ganner Euch gesagt, wo er ist, Ihr mordende Bestie?"
Zu Brids Glück schien Tholian sie immer noch komisch zu finden. „Ganner? Oh, nein", sagte er. „Ich brauche Ganner nicht,

um Informationen zu bekommen. Es schien ihm allerdings nicht das Herz zu brechen, als ich ihm sagte, daß Clennen tot sei." Er lachte. „Ich glaube, wir haben Ganner ganz schön in Verlegenheit gebracht", sagte er, „als wir alle fast zur gleichen Zeit in Markind auftauchten an jenem Tag." Er musterte Brid, um zu sehen, wie sie das aufnahm. Brid wurde klar, daß Tholian versuchte, sie zu quälen. Sie starrte hochmütig in die Ferne. Tholians Augen richteten sich auf etwas hinter ihnen. „Noch ein letztes Wort", sagte er. „Versucht nie, euern Vater nachzuahmen. Es ist zu töricht und zahlt sich nicht aus. Wenn ich meinen Vater nachgeahmt hätte, stände ich nicht mit einer Armee hier."
Tholian hatte das Interesse verloren. Er stand auf. „Bringt ihn her", sagte er. „Ein bißchen schneller, wenn's geht!"
Ein paar Soldaten kamen hastig näher. Sie schleppten Kialan zwischen sich. Seine Kleider waren in Unordnung geraten, und er war rot im Gesicht. Er versuchte Widerstand zu leisten, aber er hielt den Kopf auch auf die gleiche mürrische Art gesenkt, wie Moril es bei den Gefangenen in Untertal gesehen hatte. So sah man aus, wurde Moril klar, wenn man in ihre Hände geriet, egal, ob man schuldig oder unschuldig war. Es überraschte ihn nicht, daß sie Kialan erwischt hatten. Er war zu nahe beim Wagen geblieben. Zweifellos hatte er gedacht, er könne Brid und Moril helfen. Vielleicht fühlte er sich verantwortlich für sie, weil er jetzt der älteste war. Aber Moril war kein bißchen dankbar; er war nur traurig. Kialan hatte sich in der Nähe herumgedrückt, und Brid hatte dafür gesorgt, daß Tholian es vermuten konnte.

Elftes Kapitel

„Ah, Kialan!" sagte Tholian. „Nett, dich an einem Ort zu treffen, wo sich die anderen Grafen nicht einmischen können."
Kialan blickte zu Tholian auf, den Kopf immer noch ein wenig gebeugt, aber er antwortete nicht. Moril stellte fest, daß seine Augen tatsächlich fast die gleiche Farbe wie die Tholians hatten. Gerade ihre Augen machten den Unterschied zwischen den beiden deutlich. Kialan, obwohl eingeschüchtert und mürrisch, blickte einen direkt und mit lebhaftem Ausdruck an, während Tholians Augen ausdruckslos und merkwürdig waren.
„Ich habe damit gerechnet, daß du früher oder später auf dieser Straße auftauchen würdest", sagte Tholian. „Aber vorsichtshalber haben wir auch die Marsch im Auge behalten. Ich möchte deinem Vater mitteilen, daß du wirklich unser Gefangener bist. Du wirst ihm einen Brief schreiben müssen."
„Einen Dreck werde ich!" sagte Kialan. „Schreib ihn doch selbst."
„Gut. Ich werde es tun", stimmte Tholian zu. „Ich nehme an, er wird eines deiner Ohren erkennen, wenn ich es dem Brief beilege. Haltet ihn fest", befahl er den Soldaten. Er zog ein Messer aus der Scheide in seinem Gürtel und ging auf Kialan zu.
Kialan versuchte fortzulaufen, wurde aber von zwei Soldaten festgehalten. „Also gut", sagte er hastig. „Ich schreibe den Brief."

Aber Tholian kümmerte sich nicht um Kialans Worte. Der ausdruckslose Blicke seiner Augen änderte sich nicht. Die Soldaten verzogen die Gesichter. Moril wurde es übel. Entsetzt erkannte er, daß Tholian nur einen Vorwand suchte, um Kialan weh zu tun. Er umklammerte die Mandola und fragte sich, was er tun konnte. Kialan, der noch mehr Angst hatte, versuchte sich zu ducken. „Haltet ihn fest, habe ich gesagt", sagte Tholian.

Einer der Soldaten packte Kialan an den Haaren. Brid wollte sich, ohne zu überlegen, was sie tat, auf Tholian stürzen. Sie kam nur bis zum ersten Soldaten, der sie heftig stieß. Brid stolperte und fiel gegen Moril, wobei seine rechte Hand auf die Mandola schlug. Ein langer, dröhnender Ton auf der tiefsten Saite erklang.

Eine seltsame schwirrende Starrheit hing plötzlich in der Luft und schien Morils Hirn lahmzulegen. Er konnte nichts tun, kaum denken. Das Geräusch drang ihm in den Kopf und zwang ihn auf die Knie. Alles außerhalb seines Kopfes war grau und pulsierend, verschwimmend und verschwommen machend, und das Gefühl ging weiter und immer weiter. Er meinte Tholian zu sehen, wie er etwas verwirrt stehenblieb und langsam sein Messer wieder in die Scheide steckte, während Kialan und die Soldaten die Köpfe schüttelten, als ob sie geschlagen worden wären. Brid preßte beide Hände gegen die Augen. Moril war übel. Er kniete mit gesenktem Kopf auf dem Boden, blickte auf die pulsierende Erde und fragte sich, ob er jetzt sterben müsse.

Brid kniete neben ihm nieder. „Moril, ist alles in Ordnung? Es war die Mandola, nicht wahr?" Moril schüttelte seinen dröhnenden Kopf, um ihr klarzumachen, daß sie still sein solle.

Mit Ausnahme von Moril schienen sich alle wieder erholt zu ha-

ben. Nur Tholian sah noch verwirrt aus, als habe er ein Wort vergessen, das ihm auf der Zunge lag. „Fesselt ihn vorläufig", befahl er den Soldaten gereizt. „Besorgt ein paar Stricke."
„Du hast Tholian vergessen lassen, was er vorhatte!" flüsterte Brid. „Hör zu, Moril! Vielleicht gelingt es dir noch einmal." Aber Moril konnte nicht zuhören. Sein Gesicht war so weiß, daß Brid sich Sorgen machte. Was sich so ausdrückte, daß sie ihn in einem rauhen Flüsterton anschnauzte. Plötzlich sprang Brid auf und lief fort. „Das könnt Ihr nicht machen!" schrie sie. „Es ist grausam!"
Das brachte Moril wieder zu sich. Er blickte auf und sah, daß Kialan mit den Händen auf dem Rücken an einen der Pfähle gefesselt worden war, die die Seile der Zelte hielten. Brid hatte aufgeschrien, weil Tholian, nicht damit zufrieden, Kialan nur zu fesseln, eine Schlinge um seine gebundenen Hände gelegt hatte und jetzt die Hände auf seinem Rücken nach oben zog. Es mußte Kialan ein Gefühl verursachen, als würden ihm beide Arme zugleich ausgerenkt. Moril sah, daß er Qualen litt.
Tholian wandte sich an Brid, sobald er das Seil befestigt hatte. „Wer sagt, daß ich es nicht kann? Geh sofort zu deinem Bruder zurück!" Als Brid sich nicht rührte, trat er auf sie zu. Seine merkwürdigen Augen waren noch ausdrucksloser. „Wirst du jetzt tun, was ich gesagt habe?"
Brids Furcht war so groß, daß sie gehorchte. Als sie bei Moril ankam, formten ihre Lippen die Worte: *„Unternimm etwas!"*
Tholian ging auf eine Gruppe von Offizieren zu und befahl über die Schulter den Soldaten um Kialan: „Die beiden dort haben sich nicht von der Stelle zu rühren."
„Moril", flüsterte Brid, „die Mandola! Laß sie die Stricke aufknoten!"

Moril wünschte, er könnte es. Er war ganz sicher, daß die Mandola durchaus fähig wäre, Kialan zu befreien, wenn er nur wüßte, wie er es anstellen sollte. Osfameron hatte die Mandola Berge versetzen lassen. Aber Moril hatte nicht die leiseste Ahnung, wie er anfangen sollte, und er fürchtete sich davor, einen Fehler zu machen und wieder das schreckliche Dröhnen in seinem eigenen Kopf hervorzurufen.

Er erinnerte sich daran, wie die Mandola seine Gedanken zu spielen schien, und konzentrierte sich auf Tholians Schlinge und wie sie Kialan in diese unnatürliche Stellung zog und zerrte. Es war schrecklich. Seine eigenen Arme schmerzten, und Schweiß lief ihm über die Stirn. Er dachte verbissen, dies *muß* aufhören! und berührte sanft die schlaffe tiefste Saite.

Es klang wie ein leiser, tiefer Glockenton. Moril wappnete sich gegen das Dröhnen, aber es kam nicht. Die Wirkung beschränkte sich allein auf Kialan. Er sah Kialans Kopf plötzlich nach vorn fallen und seine Knie nachgeben. Er bewegte sich nicht, und es war offensichtlich, daß nur die Stricke ihn hielten. Entsetzt legte Moril die Hand auf die Saite und beendete das Vibrieren.

„Du Dummkopf! Du hast ihn umgebracht!" fuhr Brid Moril an, während ihr Tränen übers Gesicht strömten.

„Halt den Mund!" flüsterte Moril und beobachtete besorgt Kialan und die Soldaten, die dicht hinter ihm standen. „Sie werden es merken. Sieh doch. Er atmet. Er hat nur das Bewußtsein verloren."

„Aber was ist mit den Stricken?" flüsterte Brid.

Moril schüttelte den Kopf. „Ich kann es nicht. Ich habe es versucht. Ich glaube, es funktioniert nur bei Menschen."

Einer der Soldaten sah, wie Kialan in den Stricken hing. Als Tholian von den Offizieren zurückkam, wiesen sie ihn auf Kialans Haltung hin. Tholian zuckte nur mit den Schultern und ging an Kialan vorbei.

„Ich hasse Tholian!" zischte Brid.

Moril sagte nichts. Er kniete auf dem Boden, streichelte seine Mandola und dachte, wie er noch nie im Leben gedacht hatte. Inzwischen hatten die Soldaten sich mit Blicken verständigt, sich umgeschaut, wie weit Tholian entfernt war, und die Schlinge von Kialans Händen gelöst, so daß Kialan auf die Knie sackte.

„Sieh mal, Moril", flüsterte Brid. „Irgendwie hast du die Stricke doch gelöst."

Moril hatte das schon längst gesehen, wenn er es sich auch nicht anmerken ließ. Er war ebenso wach, wie er es im Gefängnis von Untertal gewesen war. Er hätte Brid genau aufzählen können, wie viele Hauptleute, Fußtruppen und Reiter sich in dem von ihnen übersehbaren Teil des Tals befanden. Er übersah keine Gruppe von Neu-Angeworbenen, die ins Tal marschiert kam, und hätte sagen können, wieviel Mann zu jeder Gruppe gehörten. Vier Gruppen trafen ein, während er kniete und dachte und während Kialan in den Stricken hing. Moril sah, daß sie nicht die Straße benutzten, sondern durch den Wald kamen. Er sah auch, daß fast jeder der Neuankömmlinge elend aussah. Sie gingen schleppend und hielten die Köpfe mürrisch gesenkt, wie Kialan und Dagner, als sie wußten, daß man sie erwischt hatte. Moril erkannte, daß nur wenige gern zu Tholians Armee gekommen waren. Aber er dachte, dachte . . . Denn er war sicher, daß die Mandola sie alle drei retten könnte. Nur eines wußte er nicht: wie er die Kraft der Mandola aufrufen sollte, es zu vollbringen.

Da es seine Gedanken waren, auf die die Mandola reagierte, versuchte Moril sein ganzes Ich einzubringen in die gewaltige Kraft, deren es bedurfte. Sein Vater hatte gesagt, daß er aus zwei Hälften bestehe. „Laß sie zusammenkommen, Moril", hatte er gesagt, „und keiner weiß, was du erreichen kannst." Moril nahm an, daß Clennen gemeint hatte, wie unverbesserlich verträumt er einerseits war und wie unglaublich wach andererseits, so wie jetzt. Auch Kialan hatte schon festgestellt, daß er oft beides zur gleichen Zeit war. Doch das konnte nicht ganz die Erklärung sein.

Er bestand auch auf andere Weise aus zwei Hälften. Seine Mutter war eine Aristokratin aus dem Süden, sein Vater ein für die Freiheit kämpfender Sänger aus dem Norden, zweifellos eine sonderbare Mischung. Sie war kalt und heiß, streng und frei, zurückhaltend und offen und alles gleichzeitig. Er glaubte nicht, daß er viel von seinen Ahnen aus dem Süden geerbt hatte – gewiß nichts von der gefühllosen Willkür, die seine entfernten Verwandten Tholian so hassenswert machte.

Doch Tholians gelassene Grausamkeit hatte ihn erschreckend an Lenina erinnert. Moril dachte an Kialans Worte: „Eure Mutter ist ganz schön kaltblütig." Und er hatte recht. Lenina verlor nie den Kopf, und Moril verlor auch nie den Kopf. Er wußte, wenn Brid nicht dazwischengekommen wäre, hätte er Tholian kaltblütig weisgemacht, daß sie Kialan nie gesehen hatten, ebenso wie Lenina es hätte tun können. Den Kopf nicht zu verlieren gehörte zu den strengen Maßstäben des Südens. Die gleichen strengen Maßstäbe hatten Lenina zur Loyalität gegenüber Clennen veranlaßt, obwohl sie das Leben im Wagen haßte und mit dem Kampf für die Freiheit nicht einverstanden war.

Dann folgten sehr unangenehme Gedanken, denen Moril sich nicht gestellt hätte, wenn es nicht so dringend erforderlich gewesen wäre. Er mußte herausbekommen, wie er die Kraft der Mandola freisetzen konnte. Er mußte sich eingestehen, daß er Lenina im Stich gelassen hatte. Er hatte sie verlassen, während sie versuchte, sie alle glücklich zu machen. Das Zusammentreffen mit Tholian in Markind war ihm nur Vorwand gewesen, um nach Norden gehen zu können. Auf diese Weise hatte er den Anteil seines südlichen Erbes verleugnet – all die strengen, ehrenhaften Eigenschaften, die zur guten Seite des Südens gehörten. Es war nicht recht, sie zu verleugnen, auch wenn er gedacht hatte, er hätte aus Loyalität gegenüber Clennen gehandelt.
Dann versuchte er herauszufinden, was er von Clennen mitbekommen hatte. Alle Sänger konnten singen und spielen. Sie sahen etwas mehr als die meisten Menschen, und einige träumten ihre Träume. Das hatten die Sänger gemeinsam. Aber was Moril von Clennen hatte, waren seine Vorstellungen von Freiheit und seine Liebe zum Norden.
Diese beiden Hälften fügten sich zu drei sehr verschiedenen Menschen zusammen: Brid, Dagner und Moril. Brid hatte Leninas Scharfsinn und ihre Tüchtigkeit, wie Clennen liebte sie ein Publikum – ohne Clennens Fähigkeiten zu besitzen, wenn sie sich das auch einbildete. Dagner besaß viel mehr von Clennens Fähigkeiten, gemischt mit der ganzen Zurückhaltung Leninas. Tatsächlich entsprach es durchaus Leninas Wesen, wie Dagner sich auf den Weg nach Norden gemacht hatte, um Clennens Aufgabe zu Ende zu führen, obwohl er wußte, daß er nicht die Persönlichkeit war, es durchzuziehen. Keiner von ihnen hatte die Größe geerbt, die Clennen zu dem machte, was er gewesen

war. Und warum hatte Clennen weder Brid noch Dagner gesagt, daß sie aus zwei Hälften beständen?
Moril war plötzlich in einer Sackgasse. Er begriff, daß er auf andere Weise an die Kraft der Mandola herankommen mußte. Er mußte es einfach schaffen.
Der dritte Haufen von Angeworbenen war gerade eingetroffen. Das Tal füllte sich mit Soldaten, und der Norden wußte nichts davon. Der Graf von Hannart würde wegen Kialan nicht wagen, etwas zu unternehmen. Außerdem bedeutete Tholian eine echte Gefahr für Kialan. Er kam mehrere Male vorbei, und jedesmal betrachtete er Kialans zusammengesunkenen Körper, als sähe er ihn lieber wach und Qualen leidend.
Moril dachte an die Mandola selbst. Obwohl Osfameron ihre Kraft auch bei Gegenständen hatte anwenden können, sah es so aus, als könne Moril ihre Wirkung nur bei Menschen hervorbringen. Das war in gewisser Weise richtig bei Musik. Man gab eine Vorstellung, die Leute hörten zu, und die Musik wirkte auf sie. Was mußte man also in eine Vorstellung hineinlegen, um die Kraft hervorzulocken?
Moril wußte es nicht. Er konnte nur ahnen, was er getan hatte, um Kialan bewußtlos zu machen. Also gut, dachte er, was hat mein Vater nicht getan, so daß er die Kraft nur ein einziges Mal benutzen konnte? Er dachte an Clennen, wie er ihn Tag für Tag erlebt hatte, hünenhaft, herzlich, gesellig – der Kialan langweilte, indem er dieselbe Geschichte dreimal erzählte. Er dachte daran, wie Clennen als der *Träger* gearbeitet hatte, völlig offen, und es genossen hatte, die Leute hinters Licht zu führen.
Dann dachte Moril an Clennens „Vergiß das nicht", das er so oft gesagt hatte, fast als hoffe er, daß einer von ihnen eines Tages all

seine Äußerungen zu Papier bringen würde. Vielleicht Brid, dachte Moril. Dann fiel ihm ein besonderer Ausspruch Clennens ein. An dem Tag, als sie Kialan mitnahmen, hatte er gesagt, der Wagen sei wie das Leben. „Du fragst dich vielleicht, was innen drin vor sich geht, aber es kommt nur auf die Wirkung an und darauf, was für eine Vorstellung wir geben." Später hatte Clennen Dagner nach einem anderen Ausspruch gefragt, und Dagner hatte diesen falsch wiedergegeben. „... daß das Leben nur eine Vorstellung sei oder so", hatte Dagner geantwortet.

Das war es, dachte Moril. Clennen war ganz Vorstellung. Er war der beste Sänger in Dalemark, war der *Träger,* weil er seine Sehnsucht nach Freiheit benutzte, um den Sänger zu spielen – hin und her, drüber und drunter, Clennen hatte immer eine Vorstellung gegeben, auch vor seiner eigenen Familie. Sein ganzes Leben war ein einziges „Seht mich an!" gewesen. Er wußte, daß er ein Schauspieler war, und er hatte dieses Wissen benutzt, ebenso wie Brid ihre aufrichtige Trauer benutzt hatte, um eine Vorstellung in Untertal zu geben. Aber er konnte die Mandola nicht benutzen. Da funktionierte das „Sieh mich an!" nicht.

Mit dem freudigen Gefühl, auf der richtigen Fährte zu sein, dachte Moril als nächstes an Dagner. Kialan hatte Dagners Vorstellung „anders" genannt. Moril empfand eine tiefe Dankbarkeit gegenüber Kialan. Kialan machte Dinge deutlich. Und wenn es nur aus diesem Grund war: Kialan verdiente es, befreit und zurückgebracht zu werden in den warmherzigen, selbstbewußten, freimütigen Norden, wo er hingehörte.

Aber Dagner – Dagner war scheu gewesen. Er hatte nie gesagt „Seht mich an!", weil es ihn schüchtern machte, wenn die Leute ihn ansahen. Er zeigte den Menschen seine Gedanken ein wenig in seinen Liedern. „Seht her", schien er zu sagen. „Entschuldigt bitte. So denke ich. Hoffentlich gefällt es euch." Und es gefiel den Leuten, nicht so, wie ihnen Clennen gefallen hatte, sondern als habe man ihnen etwas Neues erzählt.

Moril wußte, daß er nicht fähig war – zumindest im Augenblick nicht – etwas Neues zu machen, ebenso wie er unfähig war, seine echten Gefühle für Vorstellungen zu benutzen, wie Brid es tat. Es blieben nur die alten Lieder. Waren sie eine Hilfe? Ja, sie waren eine Hilfe, wieder einmal dank Kialan. Gerade an diesem Morgen hatte er jenes Lied von Adon gesungen, und es hätte für seine eigene Mandola gelten können! Grenzenlose Wahrheit! dachte Moril in wachsender Erregung. Nicht gebunden an Zeit und Ort! Das war auch seine Mandola nicht, wenn ihre Kraft richtig benutzt wurde.

Er hatte es! Er gab eine Vorstellung. Aber er sagte nicht „Seht mich an!" Er konnte auch nicht wie Dagner sagen „So denke ich." Wenn Dagners scheue Art das richtige gewesen wäre, hätte Clennen ihm die Mandola gegeben. Nein. Er mußte aufstehen und damit herausrücken. Dies ist wahr, mußte er sagen. Dies ist die Wahrheit. Und obwohl er es vielleicht nicht sehr gut ausdrücke, es ist die Wahrheit. Und das war furchtbar schwer.

Moril blinzelte aufgeregt und versuchte, Mut zu fassen. Die vierte Gruppe Neu-Angeworbener schob sich langsam durch das Tal, und Tholian kam wieder zurück. Bei ihm waren dieselben Aufseher, die mit ihm am See gewesen waren. Sie sahen aus, als hätten sie eine bestimmte Absicht. Als sie zu Kialan kamen, versetzte Tholian ihm einen Stoß mit dem Stiefel. Kialan fiel auf den Boden.

„Seht zu, daß er zu sich kommt", sagte Tholian. „Er wird einen Brief für mich schreiben." Dann blickte er hinüber zu Brid und Moril, und seine Augen glichen denen einer Eule, die bei Nacht von einem hellen Licht erfaßt wird. Sie wußten, daß er nicht die Absicht hatte, sie nach Markind zurückzuschicken.

„Moril", sagte Brid flehentlich, „denkst du, daß du etwas ausrichten kannst?"

Moril rappelte sich mit steifen Gliedern auf. „Ich versuche es", sagte er und begann zu spielen.

Er fing an mit einer kleinen Folge von Akkorden, die er immer wiederholte, in einem wiegenden Rhythmus. Er mußte zuerst langsam spielen, während er den Gedanken suchte, auf den die Mandola reagieren würde. Er hatte große Angst, daß Tholian merkte, was er vorhatte, aber obwohl die Männer um Kialan herum Moril gereizt ansahen, hatten sie offensichtlich keine Ahnung, daß er etwas Wichtiges plante. Morils Befürchtungen schmolzen zusammen. „Ihr seid nicht alle schlecht", teilte er ihnen durch die Mandola mit. „Einige von euch fürchten sich nur, andere taugen nichts, und was ihr tut, ist nicht recht." Immer wieder teilte er es ihnen mit.

Und zu seiner Erleichterung begann die Mandola unter seinen Händen zu summen. Er hatte es richtig gemacht. Er spürte, wie sich die Kraft in ihr sammelte und dann langsam über Tholian und seine Männer hinweg summte, ins Tal hinunter und um die Biegung herum, wo man das Tal nicht mehr einsehen konnte. Die Bewegungen der Leute in Morils Blickfeld wurden schlaff und irgendwie ziellos, und Tholian gähnte. Moril schlug weiter die Saiten. Er wäre glücklich gewesen, wenn er nicht gewußt hätte, daß er bald die tiefste Saite anschlagen mußte, und davor

fürchtete er sich. Wenn die Kraft der Mandola auch ihn ergriff, würde sein Plan mißlingen. Vorsichtig schlug er die Saite an. *Schlaf*, sang sie, schwer und süß, das Tal hinunter, dem Summen folgend auf dem Weg der Kraft, den Moril schon vorbereitet hatte. *Schlaf*. Tholian wandte langsam den Kopf und sah Moril an, verschwommen und verwirrt. Moril selbst war hellwach. Er wußte, daß alles in Ordnung war. Das erste Mal hatte die Kraft auch ihn erfaßt, weil er nur *nein, nein, nein!* gedacht hatte, ohne etwas anderes im Sinn zu haben. Jetzt dachte er *Schlaft, ihr alle dort draußen.*
Tholian schien zu begreifen, was Moril tat. Er kam langsam auf ihn zu, schwankend, als sei er sehr müde. „Zerbrecht das verdammte Ding!" sagte er mit schleppender Stimme. Er kämpfte gegen die Kraft der Mandola an, so gut er konnte.
Moril ging rasch zu einer richtigen Melodie über, einem Schlaflied.

Geh zurück in die Zeit
Da deine Gefühle noch blind waren,
Da sie dich wiegten und sangen für dich
Schlaf jetzt ein.

Wenn er darüber nachgedacht hätte, wäre ihm klargeworden, daß er gerade etwas Neues gemacht hatte. Aber es fiel ihm nicht auf, weil er nur eines wollte, nämlich Tholian zum Schlafen bringen. Das Schlaflied erwies sich als Kraftstoß. Es hielt Tholian dort, wo er stand. Er hatte erkannt, was geschah, aber er war hilflos. Moril wiederholte die Melodie, lauter, und es machte ihm Freude, Tholian auf der Stelle festzuhalten, während die Melodie an ihm vorbei ins Tal schwebte.

Tholian rieb sich die Augen und versuchte, wieder die Herrschaft über sich zu erlangen. Die Männer in Kialans Nähe gähnten, und im Tal erstarben alle Geräusche. Die Luft war sauber und trug die Melodie weit hinaus. *Schlaft jetzt.* Tholian fielen die Augen zu, seine Knie gaben nach, und er fiel nach vorn auf den zertrampelten Boden, die Arme um den Kopf geschlungen. Mit einer letzten widerstrebenden Bewegung schlief er ein. Nach ihm fielen auch die anderen zu Boden. Pferde blieben stehen, ihre Reiter fielen herunter und blieben schlafend liegen. Neben Moril fiel Brid zur Seite und rollte sich zusammen. Es tat ihm leid, aber er wußte nicht, wie er sie hätte ausschließen sollen. Er spielte weiter, schickte das Schlaflied in immer neuen Wellen hinaus, bis es das ganze Tal auszufüllen schien und er es fast in der Luft hängen sehen konnte, sanft pulsierend.

Endlich ließ Moril die Mandola allein weitersummen, weil er hoffte, daß ihre Kraft anhalten würde, und ging durch die schwere, stille Luft zu Kialan. Tholians Freunde hatten die Fesseln nicht gelöst, obwohl sie es gerade hatten tun wollen. Moril ging durch die summende Stille zurück und holte das Messer aus Brids Stiefel. Dann säbelte er einen Strick nach dem anderen durch, bis Kialan befreit ins Gras rollte. Er war immer noch bewußtlos.

Moril beugte sich zu ihm hinunter und schüttelte ihn. „Kialan!" rief er.

Kialan kam zu sich. Es tat Moril fast leid, denn Kialans Gesicht drückte plötzlich Schmerzen und Elend aus.

„Es ist alles in Ordnung", flüsterte Moril. „Sie schlafen. Schnell. Ich weiß nicht, wie lange es dauern wird."

Kialan stand mühsam auf. Alle Knochen taten ihm weh, und er

ächzte bei jeder Bewegung. Er starrte auf Tholian, auf Brid und hinaus auf das schweigende, summende Tal, in dem eine ganze Armee schlief. „Großer Gott!“ sagte er. „War das die Mandola?“

„Ja“, sagte Moril. „Schnell!“ Er lief zurück zu Brid und schüttelte sie.

Kialan kam hinterhergehumpelt. „Laß sie schlafen“, schlug er vor. „Wenn sie dann aufwacht, weißt du, daß die Wirkung nachgelassen hat.“

Das war eine ausgezeichnete Idee. Moril rannte los, um den Wagen zu holen. Olob döste auch, und das war schon bedenklicher. Moril schnalzte vor seiner Nase mit den Fingern. „Olob! Barangarolob!“ Olob schüttelte den Kopf und sah Moril erstaunt an. Moril band ihn los und brachte ihn im Trab zu Brid. Während er das Zaumzeug anlegte, dachte er, wie seltsam das Tal aussah. Alle schliefen, mit Ausnahme der einsamen, aufrechten Gestalt Kialans. Er öffnete die Hinterklappe des Wagens, damit sie es leichter hatten, Brid hineinzuheben. Dann hängte er die Mandola sanft zurück in das Gestell. Sie vibrierte immer noch leise.

„Wirf den Weinkrug hinaus“, sagte Kialan. „Der Wagen muß so leicht wie möglich sein.“

Moril hob den schweren Krug hoch und warf ihn hinaus. Er landete mit einem dumpfen Aufprall, der Tote hätte wecken müssen, aber Brid rührte sich nicht.

Kialan lachte. „Geschenk für Tholian. Informationen, die ihm bekannt sind, und Geld, das er nicht braucht.“

Moril kicherte unterdrückt, sagte aber nichts. Er hatte das Gefühl, wenn irgend etwas die Schläfer wecken würde, so seine Stimme. Er kletterte in den Wagen und warf Dagners sämtliche

Einkäufe hinaus: Kerzen, Mehl, Linsen und was noch übrig war vom Rhabarber.
„Oh, wird er sich darüber freuen!" ächzte Kialan. Obwohl er noch immer sehr steif war, schaffte er es, Kopf und Schultern von Brid anzuheben und ihren Oberkörper in den Wagen zu schieben. Moril packte sie an den Schultern und zerrte sie hinein. Sie seufzte leise auf und schlief weiter. Kialan setzte sich neben sie in den Wagen. Moril verriegelte die Hinterklappe und stieg auf den Kutschersitz.
„Jetzt los, Olob", flüsterte er. „Lauf. Lauf um dein Leben!"
Olob warf den Kopf zurück und setzte sich in Bewegung. Als sie unter die Bäume kamen, schaute Moril sich noch einmal um. Tholian lag neben ihren Reisevorräten. Hinter ihm glaubte Moril einen schwachen Schleier zu sehen, der stumm über dem ganzen Tal vibrierte. Die Kraft der Mandola dauerte noch an.
„Was ist mit den Soldaten bei dem Holzgestell?" fragte Kialan, während Olob die steile Straße hinuntertrappelte.
„Ich weiß es nicht", sagte Moril besorgt. Er hatte keine Ahnung, wie weit die Kraft der Mandola reichte, und das Holzhindernis war hinter ihm gewesen, als er spielte. Als sie sich der Hauptstraße näherten, hielt Moril den Atem an, und Kialan reckte sich den Hals aus, um einen Blick auf das Hindernis zu werfen. Auch dort schliefen die Soldaten. Die meisten lagen lang ausgestreckt schnarchend auf der Straße. Einer schlief mit den Armen auf dem Gestell, eine höchst unbequeme Stellung. Kialan lachte leise. „Er wird völlig steif sein, wenn er aufwacht!"

Zwölftes Kapitel

Es war ein kurzer, steiler Weg bis zum Gipfel des Hügels hinauf. Dann kamen sie auf die grüne Weite des letzten Oberlandes. Sie sahen den Markwald in der Ferne, ein lustiges Grün, das von der Nachmittagssonne vergoldet wurde, und dahinter, täuschend nahe, die graue Masse der Berge des Nordens.

„Jetzt mußt du laufen, Olob", sagte Moril.

Olob lief. Man konnte es nicht Galopp nennen, aber er lief, lief so schnell, wie Moril ihn noch nie hatte laufen sehen. Hinter ihm schwankte der leichter gewordene Wagen von einer Seite zur anderen und hüpfte über die Furchen. Kialan stemmte die Füße gegen eine Seitenwand und versuchte, Brid festzuhalten, aber trotzdem wurden sie hin und her geschleudert und gerollt, und es war erstaunlich, daß sie nicht aufwachte. Moril hoffte, daß der tiefe Schlaf andauern würde, bis sie den Markwald erreichten. Wenn sie erst einmal dort waren, konnten sie den Wagen zwischen den Bäumen verstecken und hätten eine gute Chance, Tholian zu entkommen.

„Wie hast du es gemacht?" rief Kialan und versuchte, das Knirschen der Räder und das Klappern der Hufe zu übertönen. „Das mit dem Schlaf."

Moril konnte es genausowenig erklären wie Dagner erklären konnte, wie er Lieder machte. „Durch Nachdenken", sagte er. „Du hast vieles gesagt, was mir geholfen hat."

Sie holperten und ratterten eine halbe Meile weiter. „Ich hatte einen unheimlichen Traum", rief Kialan, „während ich gefesselt war. Ich träumte – hoppla, was für ein Höcker! – ich träumte, daß du mich mit an das Grab deines Vaters nahmst, am See, und das Brett öffnetest, das ich geschnitzt habe, als sei es eine Tür. Dann sagtest du: ‚Würde es dir etwas ausmachen, für eine Weile hier hineinzukriechen? Ich ruf dich, wenn die Luft wieder rein ist.' Und ich – sag mal, was geschieht eigentlich, wenn wir ein Rad verlieren? – und ich kroch hinunter und schlief ein. Was hältst du davon?"
„Ich weiß nicht", sagte Moril. „Da ist doch niemand hinter uns, oder?"
Es war niemand zu sehen, obwohl sie es kaum glauben konnten. Das weite Oberland schien menschenleer zu sein. Sie ratterten schaukelnd durch ein Dorf, und auch das schien zu schlafen. Olob stapfte weiter; er schnaufte jetzt. Brid schlief immer noch. Die Sonne begann zu sinken, und der Markwald war nähergerückt. Zwielicht schien von den Bäumen zu fallen und von all dem Grün um sie herum aufgesaugt zu werden. Jenseits der Berge ballten sich dicke Wolken zusammen.
„Weißt du", sagte Kialan abgehackt, „als ich dachte – im Tal –, diesmal würden wir nicht davonkommen, hätte ich mich gern entschuldigt. Ich habe mich ziemlich scheußlich benommen, als ich zu euch kam, nicht wahr?"
„Wir auch!" rief Moril über die Schulter. „Wir wußten nicht, was du hinter dir hattest. Sicher war es schrecklich in Holand."
Es entstand eine Pause. „Furchtbar", sagte Kialan dann. „Aber es war nicht nur das. Ich habe nichts verstanden. Ich dachte, ihr wäret alle . . . Bettler oder so was, und ich erwartete . . . Oh, Flöhe

und Beschränktheit und so weiter. Und ich hatte keine Lust mehr."

Moril lachte. „Das sah man dir an."

Sie erreichten den Markwald, als die Sonne unterging. Olob war seit Jahren nicht so weit gelaufen. Moril sah im schwindenden Licht, wie Dampf von ihm aufstieg. Seine Flanken bebten unter dem scharlachroten Geschirr. Die Straße führte unter einem überhängenden Felsen entlang aufwärts zu den Bäumen, und obwohl es nicht steil bergauf ging, wurde Olob langsamer.

„Ich muß ihn langsam laufen lassen", sagte Moril, dem Olob sehr leid tat. „Er hat genug."

So schleppte Olob sich müde dahin, und alles schien plötzlich viel friedlicher. Sie hörten Vögel in den hohen Buchen über ihnen krächzen und rufen.

„Großer Gott!" sagte Brid und setzte sich auf. „Wo sind wir? Warum fühle ich mich so zerschlagen?"

Moril wußte, es hatte irgendwann kommen müssen, aber er wünschte, sie wären schon tiefer im Wald und Olob wäre nicht so erschöpft. Sie erklärten Brid, was geschehen war. Sie war ziemlich entrüstet.

„Mich als eine Art Schlaf-Maß zu benutzen! Wirklich reizend!"

„Es war eine verflixt gute Idee", sagte Kialan, „obwohl ich das nicht sagen sollte, da es meine eigene war."

Aber Brid begriff, daß Tholian inzwischen wahrscheinlich hinter ihnen her war. Sie beschwor Moril, rasch zwischen den Bäumen unterzutauchen.

„Sobald wir oben sind", versprach Moril. „Olob ist müde."

Es wurde rasch dunkel, aber sie konnten immer noch genug sehen. Brid schrie leise auf. Zwischen den Bäumen sahen sie Männer auf Pferden, die an der Felsenseite langsam den Hügel herunter kamen. Aber Olob schien nicht beunruhigt zu sein. Moril vertraute Olob und blieb auf der Straße, so schwer es ihm auch fiel. Ihm war mehr als unheimlich zumute, als die Reiter sie entdeckten und auf sie zugedonnert kamen.

Es waren drei Männer. Sie brachten ihre Pferde neben dem Wagen zum Halten, und Olob blieb stehen. Kialan richtete sich auf und starrte den vordersten Reiter an, und dieser starrte zurück.

„Du elender Dummkopf! Warum mußtest du in den Süden kommen?" fragte Kialan und brach in Tränen aus.

Obwohl sie nie auf die Idee gekommen wären, ihren eigenen Vater als elenden Dummkopf zu bezeichnen, bestand für Brid und Moril kein Zweifel, daß der Reiter Keril war. Sie sahen Kialan ungeschickt vom Wagen springen, den Mann vom Pferd steigen und Kialan umarmen, und sie waren ganz sicher.

„Konian – haben sie gehängt!" sagte Kialan.

„Ich weiß. Wir haben es von einem Fischer erfahren", sagte Keril. „Ich wollte dich suchen. Ich hoffte, daß Clennen vielleicht weiß . . . Wo ist Clennen?" fragte er.

„Er ist tot", sagte Brid und fing auch an zu weinen.

„Sie haben eine Armee", sagte Kialan. „Tholian hat eine Armee aufgestellt, um den Norden anzugreifen. In einem Tal dort drüben. Sie sind jetzt wahrscheinlich schon hinter uns her."

Keril wechselte Blicke mit den beiden anderen Reitern. „Wir haben eine kleine Schar von Männern im Wald. Wie groß ist diese Armee?"

„Ziemlich groß", sagte Moril. „Ich habe dreihundert Mann gesehen und einhundert Reiter. Aber das war wahrscheinlich nur ein Viertel."

„Woher weißt du das?" fragte Kialan. „Hast du sie gezählt?"
„Nein. Ich weiß es einfach", sagte Moril. „Und während wir dort waren, kamen vier Gruppen von Neu-Angeworbenen, dreiundzwanzig in der ersten, zweiunddreißig in der . . ."
„Mit anderen Worten, zu viele für uns", sagte Keril. „Danke, mein Junge. Gehen wir zu unserem Lager zurück und stärken uns erst mal."
Das Lager der Männer aus dem Norden befand sich an der Felswand. Der Platz war geschickt gewählt für den Fall, daß sie sich vielleicht verteidigen mußten. Es herrschte ein lebhaftes Treiben. Die Lagerfeuer wurden gelöscht, die beiden Wagen mit Vorräten an die Stelle geschoben, von der aus man das Lager durch den Wald erreichen konnte. Diese Vorbereitungen hätten Moril eigentlich beunruhigen sollen, aber er fühlte sich so sicher und glücklich wie schon lange nicht mehr. Er sah im Licht der wenigen Laternen, daß die etwa fünfzig Männer, die hin und her hasteten, fast alle die gleiche Gesichts- und Haarfarbe wie Kialan hatten, die ungewöhnliche Mischung von dunkel und blond, die man nur im Norden sah. Keril bildete eine Ausnahme: sein Haar war dunkel, aber er hatte die gleiche gebogene Nase wie Kialan.
Sie wurden in ein Zelt geführt, wo sie die beste Mahlzeit seit Markind zu sich nahmen. Während sie aßen, erfuhren sie, daß der Graf seit zwei Tagen hier sein Lager hatte. In der vergangenen Nacht war er in den Süden geritten, fast bis nach Untertal, in der Hoffnung, Clennen zu treffen und etwas über Kialan zu erfahren. In dieser Nacht hatte er das gleiche vorgehabt. Hendas Angebot, Kialan gegen ein Lösegeld freizulassen, hatte ihn in den Süden gelockt. Bis zu dem Zeitpunkt hatte jeder in Hannart angenommen, daß sie auch Kialan gehängt hätten.

Müde und verwirrt, wie sie waren, erzählten Brid, Moril und Kialan ihre Geschichte. Keril machte Clennens Tod eher traurig, als daß es ihn überraschte, und über Leninas Rückkehr nach Markind wunderte er sich überhaupt nicht. Als er von Dagners Festnahme hörte, unterbrach er sie zornig: „Einen Jungen in dem Alter zu hängen! Ich wollte, ich könnte etwas tun . . . Eh, Moril – ist das dein Name?“ Sicher dachte er an Konian.

„Nicht ganz“, sagte Kialan. „Sein Name ist Tanamoril Osfameron, und Brid heißt Manaliabrid.“

Keril vergaß seinen Zorn und lachte.

„Was ist daran so komisch?“ fragte Brid. Sie war empfindlich, wenn es um ihre Namen ging.

„Nun – Geschichte, die sich wiederholt, nehme ich an“, sagte Keril. „Kialan ist der Adon, müßt ihr wissen.“

„Nein, das ist er nicht“, sagte Moril. „Der Adon hat vor zweihundert Jahren gelebt. Kialan hat es mir erzählt.“

„Aber der Erbe von Hannart wird immer Adon genannt“, erklärte Keril und dachte voll Trauer an Konian.

Moril und Kialan sahen einander im Licht der sorgfältig abgeschirmten Laterne an. Moril war völlig aus der Fassung gebracht. „Warum hast du mir das nicht gesagt?“ fragte er.

„Ich habe nicht daran gedacht“, sagte Kialan. „Ich war nur ich und hatte nur eins im Sinn: nach Hause zu kommen.“ Er wies mit dem Kopf auf seinen Vater. „Erzähl ihm von der Mandola.“

Moril erzählte Keril, wie er Tholian und seine ganze Armee zum Schlafen gebracht hatte. Keril wunderte sich etwas und ließ sich die Sache von Kialan bestätigen, aber im übrigen nahm er es genauso nüchtern auf wie Kialan. „Darf ich die Mandola einmal sehen?“ fragte er.

Moril tastete sich aus dem Zelt hinaus zum Wagen und kam mit der Mandola zurück. Keril hielt sie unter das Licht der Laterne. Er fuhr mit den Fingern über die Einlegearbeit, die seltsamen Muster. „Ja, das ist sie", sagte er. „Ich dachte immer, Clennen prahle, wenn er sagte, es sei Osfamerons Mandola, aber damals verstand ich noch nicht viel von den alten Schriften." Er wies auf eine Reihe von Wellenlinien und Punkten aus Perlmuttsplittern. „Hier steht *Ich singe für Osfameron* und hier" – sein Finger folgte einer anderen Reihe von Zeichen – „steht *Ich bewege mich nicht nur in einer Welt.*" Er lächelte Moril an und gab ihm die Mandola zurück. „Gib gut auf sie acht."

In dieser Nacht schlief Moril mit der Mandola im Arm ein, so weit wie möglich entfernt von Kialans Knien und Ellbogen. Es war etwas eng, weil Keril auch bei ihnen schlief. Sein eigenes Zelt hatte er Brid überlassen. Moril hatte eigentlich noch über etwas nachdenken wollen, aber er war viel zu müde. Er war sicher, daß Keril, als er die seltsame Schrift vorlas, ihm in Wirklichkeit gesagt hatte, wie die Mandola so benutzt werden müsse, wie Osfameron es getan hatte. Bei Tagesgrauen erwachte er, weil jemand gekommen war, um mit Keril zu sprechen.

Dann gab es für eine Weile keine Zeit zum Nachdenken mehr. Der Mann teilte Keril mit, daß nachts ein Trupp von Reitern die Straße entlanggekommen war und daß derselbe Trupp soeben zurückgaloppiert sei, wahrscheinlich, um Tholian Bericht zu erstatten. Beide Male waren sie zu schnell geritten, um das Lager zu bemerken.

Es war offensichtlich, daß die Reiter nach dem Wagen gesucht hatten. Da sie ihn nicht gefunden hatten, mußte Tholian denken, daß Kialan den Norden bereits erreicht hatte und mit ihm die

Neuigkeiten. „Wenn ich Tholian wäre", sagte Keril, „wäre ich jetzt schon unterwegs, bevor der Norden sich auf einen Krieg vorbereiten kann. Wir müssen uns beeilen."
Sie brachen das Lager ab und machten sich auf den Weg. Der Wagen kam auch mit. Er wurde von einem fremden, jungen Pferd gezogen, damit sie schneller vorankamen. Olob sah untröstlich aus. Brid beschloß deshalb, ihn zu reiten. „Ohne Sattel wird er mich lassen", sagte sie. „Ich möchte nicht, daß er sich vernachlässigt fühlt." So ritt sie den ungesattelten Olob. Sie hatte ihre Stiefel an – schließlich befand sie sich in der Gesellschaft eines Grafen –, und Olob schien nichts dagegen zu haben. Er war nur etwas langsam. Brid hatte einige Mühe, mit dem Wagen Schritt zu halten. Er wurde von einem großen Mann aus dem Norden gelenkt, der Egil hieß, und Kialan hatte sich Egils Pferd ausgeliehen. Moril saß mit seiner Mandola im Wagen und dachte nach.
„Ich wollte, es hätte sich nicht herausgestellt, daß Kialan der Adon ist," sagte Brid zu ihm. „Es macht mich verlegen."
Moril war sehr mit seinen Gedanken beschäftigt, aber er kicherte über Brids Worte. „Du wirst dich daran gewöhnen."
Daß Kialan der Adon war, beschäftigte auch Moril. Es gehörte zu den drei Dingen, die er in Gedanken zusammenzusetzen versuchte. Die beiden anderen waren der Inhalt der Schrift auf der Mandola und seine eigene Entdeckung, daß man mit der Mandola die Wahrheit sagen mußte. Er fuhr fort, Gedanken zusammenzufügen, während die Nordmänner durch den Markwald hasteten.
Überall entlang der Straße gab es Lichtungen und Dörfer und wahrscheinlich genug Leute, um die kleine Gruppe von Nordmännern aufzuhalten, bis Tholian kam und sie erledigte. So

suchten sie sich ihren Weg nach Norden durch den Wald. Für die Reiter war das kein Problem, aber die Wagen kamen nur mühsam voran. Und alle machten sich Gedanken wegen des letzten Abschnitts, wo sie den Schutz des Waldes verlassen mußten, um zum Flennpaß zu gelangen. Er wurde von Fort Flenn bewacht, dem südlichsten Fort des Nordens.

Es wurde Nacht, bevor sie den Wald verlassen hatten. Keril war besorgt, weil sie so langsam vorankamen, aber sie waren den ganzen Tag unterwegs gewesen. Sie mußten sich ausruhen und für die Nacht ein Lager aufschlagen. Nachdem sie ihr Abendessen eingenommen hatten, erzählten sie Keril Einzelheiten von ihren Erlebnissen, und es wurde klar, daß die Zeit, die Kialan in Holand verbracht hatte, viel schrecklicher gewesen sein mußte, als Moril und Brid erkannt hatten. Keril wurde so zornig und traurig, daß Kialan das Thema wechselte und über den Weinkrug sprach.

„Ich bedaure, daß wir Tholian all das Gold überlassen haben", sagte er. „Den Rhabarber gönne ich ihm von Herzen, und auch die Papiere kann er gern haben, aber wir hätten die Münzen herausnehmen sollen."

„Beruhige dich", sagte Brid. „Ich habe sie herausgenommen. Ich habe sie in den Geldkasten gelegt."

Alle lachten. Brid fragte entrüstet, ob sie sie wirklich für so blöd hielten, so eine Summe in einem Weinkrug zurückzulassen.

„Wenn ich nur wüßte, wem es gehörte und wie Vater daran gekommen ist", sagte sie.

„Ich nehme an", sagte Keril, „daß es der Rest von dem Geld ist, das ich ihm gegeben habe. Er hat von mir jedes Jahr in Dropwater einhundert Goldstücke bekommen. Nein", sagte er, als Brid es ihm zurückgeben wollte. „Behaltet es. Ihr habt es verdient. Ihr könnt es gebrauchen, wenn ihr in Hannart lebt."

Auf diese Weise erfuhren sie, daß Keril sie bei sich in Hannart aufnehmen wollte.

„Das ist furchtbar nett von Euch", sagte Brid unbeholfen. „Weil wir nicht wissen, wohin wir sonst sollten, nicht wahr, Moril?"

„Es ist das wenigste, was ich für euch tun kann", sagte Keril. „Ich verdanke Clennen sehr viel. Ohne ihn hätten wir keine einzige nennenswerte Nachricht aus dem Süden erhalten." Dann erzählte er ihnen von Clennen Dinge, die sie nicht wußten. Keril hatte Clennen im Süden kennengelernt zu einer Zeit, als er der Adon gewesen war, und sie hatten beide bei dem Aufstand dort geholfen. Aber Kerils Vater war gestorben, und er mußte in den Norden zurückkehren. Clennen blieb im Süden. Dann wurde durch den Zorn des alten Tholian und das Scheitern des Aufstands der Boden im Süden zu heiß für Clennen. Er ging mit Lenina nach Hannart und wurde Sänger am Hof. Dagner, Brid und Moril wurden in Hannart geboren. Als sie hörten, was im Süden vor sich ging, beschloß Clennen, wieder dorthin zurückzukehren. Auch der *Träger* war seine Idee gewesen. Von Keril stammte die Idee vom vorgetäuschten Streit zwischen ihnen, damit niemand auf den Gedanken kommen konnte, Clennen sei Kerils Mittelsmann.

Moril starrte ins Feuer und träumte von Hannart.

„Was ist mit dir, Moril?" fragte Kialan im Scherz. „Träume, die wahr werden?"

Moril sah auf und lächelte. Er sagte nichts, aber er ging schlafen mit der Gewißheit, daß Kialan ihm soeben gezeigt hatte, wie die Mandola wirklich funktionierte.

Am nächsten Tag ließ er sich im Wagen das Ganze noch einmal durch den Kopf gehen. Zuerst kam ihm eine Erinnerung in den Sinn. In Crady hatte es geregnet, darum hatte Clennen eine der Geschichten des Adon in einem Gebäude erzählt, und Moril hatte Kialan unter den Zuhörern gesehen. Er war ärgerlich gewesen, weil Kialan für ihn Teil des eintönigen alltäglichen Lebens geworden war, und er hatte das Gefühl, er stehe mit jedem Fuß in einer anderen Welt, zwei Welten, die voneinander fort wirbelten. Und doch war die ganze Zeit Kialan der Adon – oder *ein* Adon – gewesen. Und die Mandola selbst sagte *Ich bewege mich nicht nur in einer Welt.*

In diesem Augenblick begann es zu regnen, wenn auch nicht so heftig wie in Crady. Moril lächelte und hielt das Gesicht der Nässe entgegen. Sie waren fast im Norden, und im Norden regnete es viel. Sein Lächeln wurde etwas kläglich, als ihm klar wurde, daß er in seinen Träumen von Hannart nie an Regen gedacht hatte. Die Mandola hatte dieses verschwommene Geräusch von sich gegeben, weil diese Art von Traum nicht wahr war. Es gab wahre Träume, aber sie mußten das Leben mit einbeziehen, wie zu einem guten Leben Träume gehörten.

Moril dachte daran, wie sich Leben und Träume begegnet waren auf dieser Reise. Er wußte, daß sie sich auch in ihm treffen konnten, etwa wenn er mit seinen Gedanken Meilen fort war und trotzdem alle Soldaten in jenem Tal zählen konnte. Er sah, daß Clennen das nicht ganz richtig verstanden hatte. Dafür war er den praktischen Dingen zu sehr zugewandt gewesen. Wichtig war, daß Moril tatsächlich aus zwei Hälften bestand. Wenn er dann in beiden die Wahrheit erkannte und sie zusammenfügte, konnte er die Mandola benutzen, wie sie benutzt werden sollte.

Er konnte durch sie Vorstellungen Wirklichkeit werden lassen.
Kurz vor Mittag erreichten sie das Ende des Markwaldes. Endlich sah Moril die Berge, zum Anfassen nah, und den tiefen V-Einschnitt, der der Flennpaß war. Der Regen hatte aufgehört, aber die Wolken über den Bergen waren schwer von weiteren Regenmassen. Fort Flenn lag am nördlichen Ende des Passes, hinter einem spitzen Gipfel verborgen. Diesseits der Berge war auf einem etwa eine Meile breiten Streifen der Wald abgeholzt, so daß niemand den Paß ungesehen betreten oder verlassen konnte. Das war die Antwort des Südens auf Fort Flenn.
Die Nordmänner machten am Rand des Waldes halt. Moril wußte nicht gleich warum.
„Das wird der Lord von Mark sein", sagte Keril zu seinem Hauptmann. „Tholian hat ihn hergeschickt, damit er nach Clennens Wagen Ausschau hält."
Moril drehte sich fast der Magen um, als er sah, wie viele Reiter vor dem Paß Aufstellung genommen hatten. Es waren eindeutig Männer aus dem Süden, und sie trugen Rüstungen. Es waren mindestens doppelt soviel Leute wie in Kerils Trupp.
„Uns kann er nicht erwarten", sagte der Hauptmann. „Ich schwöre jeden Eid, daß er uns nicht durch den Paß hat kommen sehen. Es wird ihm einen ganz schönen Schock versetzen, wenn wir plötzlich angeritten kommen."
„Schon", sagte Keril, „aber mir wäre wohler, wenn wir doppelt so viele wären."
„Ach was", sagte jemand anders lachend. „Einer aus dem Norden ist soviel wert wie zehn aus dem Süden."
Moril dachte einen Augenblick nach. Ja. Alle waren dieser Meinung. Keiner in Kerils Trupp machte sich Gedanken, und sogar

Brid sah Keril zuversichtlich an, überzeugt, daß sie mühelos an den Leuten des Lords von Mark vorbeikommen würden. Die Nordmänner waren berühmte Kämpfer. Aber Keril war offenbar der Ansicht, es sei wichtiger, zum Norden durchzudringen, als sich auf dem Weg dorthin tapfer töten zu lassen.

„Hättet Ihr es gern, wenn es so aussähe, als wären wir mehr?" rief Moril Keril zu. „Ich glaube, das kann ich hinkriegen."

Keril verzog das Gesicht. „Schön wär's."

„Ich wette, er schafft das", sagte Kialan.

Moril hängte sich die Mandola um den Hals und fing an, den *Achten Marsch* zu spielen. Er wurde aus einleuchtenden Gründen nie im Süden gespielt.

Aus dem Norden kommen wir, kommen wir,
Was wir wert sind, sag ich dir, sag ich dir,
Zehn aus dem Süden gegen einen von uns,
Und jeder von uns zehnmal schneller als ihr.

Einen Augenblick lang, bis die Mandola zu summen begann, befürchtete Moril, er hätte es doch nicht richtig gemacht. Aber das Summen nahm zu und wurde fast zu einem unbeschwerten Pfeifen, und plötzlich war der Wald voller Männer, Pferde und Wagen. Ein paar von den Nordmännern schrien erschrocken auf.

Kialan brach in Gelächter aus. „Gut gemacht, Moril! Nur – neun rosa Wagen, das sind ein bißchen viel!"

Moril sah sich um und mußte lachen. Es waren tatsächlich neun rosa Wagen dazu gekommen. Durch einen von ihnen wuchs offenbar ein Baum. Und in jedem der Wagen saß ein falscher Moril und spielte auf dem Trugbild einer Mandola. Er hatte genau das getan, was im Lied stand, nämlich ihren Trupp neunmal gespiegelt. Denn es war schließlich auch eine Täuschung, daß ein Mann aus dem Norden soviel wert war wie zehn aus dem Süden. Die Nordmänner verstanden allmählich. Sie begannen zu lachen und ihren Spiegelbildern zuzuwinken, worauf die falschen neun Zehntel ebenfalls winkten und lachten.

Keril lachte mit den anderen. „Spiel weiter, Moril. Und jetzt los!"

Moril spielte fröhlich weiter, und sie kamen aus dem Wald hervor, die echten und die falschen Männer. Sie ritten unter einem stürmischen Himmel über Büsche und Baumstümpfe hinweg auf die Straße zu. Die echten Männer mußten Sträuchern und größeren Baumstümpfen ausweichen, Morils Trugbilder aber ritten mitten durch alles hindurch, was ihnen im Weg stand. Als sie auf die Straße kamen, gab es viel Verwirrung und Gelächter. Die Nordmänner versuchten, ihren eigenen Schatten auszuweichen, bis sie begriffen, daß vier Spiegelbilder zu ihrer Linken und fünf zu ihrer Rechten sie begleiteten und daß der fünfte Trupp von links der richtige war und das Recht hatte, die Straße zu benutzen. Als sie das erst einmal begriffen hatten, ritten sie zügig voran, und viele von ihnen sangen den *Achten Marsch* zu Morils Begleitung.

Moril saß in seinem rosa Wagen und strahlte vor Stolz. Dies war der schönste Beweis dafür, daß er richtig gedacht hatte. Das pfeifende Summen der Mandola in seinen Händen, das die seltsame Armee erzeugte, nahm einen besonderen Ton an, eine Art zusätzliches Schnurren, das Morils Vergnügen und Belustigung widerspiegelte. Brid und Kialan hinter ihm konnten sich kaum halten vor Lachen. Noch komischer wurde das Ganze, als Olob

Feinde spürte. Er begann herumzutänzeln, was die neun anderen Olobs auch zum Tänzeln veranlaßte.

Am Paß drängten sich die Männer des Lords von Mark zusammen, meinten sie doch, daß fünfhundert Nordmänner fröhlich auf sie zuritten. Im Näherrücken sah Kerils Trupp, wie die Unruhe ihrer Gegner zunahm. Gewöhnlichen Nordländern konnten die Südländer vielleicht gegenübertreten. Aber wie sollte man Gegner behandeln, die mitten durch Bäume ritten, ohne daß es ihnen etwas auszumachen schien? Moril sah einen Mann, der der Lord von Mark sein mußte, an den Reihen entlangreiten und seine Männer beschwören, Ruhe zu bewahren. Moril lachte. Dann fuhren die Trugbilder von zwei Proviantwagen und einem rosa Planwagen mitten durch das feindliche Lager, ohne auch nur das Verankerungsseil eines Zeltes zu bewegen. Einige Südmänner wimmerten vor Entsetzen. Moril brachte die unterste Saite ins Spiel. *Lauft!* ertönte es dröhnend neben der heiteren Melodie.

Der Lord von Mark gab auf und galoppierte davon und seine Männer mit ihm. Sie preschten nach rechts und links auseinander und tauchten im Buschwerk unter. Der Flennpaß war offen. Kerils Trupp brach in dröhnendes Gelächter aus.

Brids Stimme übertönte das Gelächter. „Moril! Sieh nur!"

Moril schaute sich um. Eine große Anzahl von Reitern hatte sich am Rand des Markwaldes versammelt, und unter den Bäumen waren noch mehr Männer zu sehen. Die Pferde rückten vor, aber sie waren noch so weit entfernt, daß kein Geräusch zu hören war, und die Reiter schienen sich schimmernd und lautlos voranzubewegen, als wären auch sie ein Trugbild. Nur waren sie das nicht. Es war die Spitze von Tholians Armee.

Dreizehntes Kapitel

Moril schlug Alarm, indem er mit der ganzen Hand über die Mandola fuhr. Im nächsten Augenblick galoppierten sie alle Hals über Kopf auf den Flennpaß und Fort Flenn zu. Die gespenstischen neun Zehntel waren verschwunden, als hätte es sie nie gegeben. Moril wußte, daß keine Zeit für Trugbilder mehr war. Vielleicht verfolgte Tholians Armee Keril, aber es sah eher danach aus, als ob dieser Vorstoß nur der erste Schritt zu einer lange geplanten Invasion war. Tholian brauchte sich nicht zu beeilen, weil der Norden nicht vorbereitet war. Olob spürte die feindliche Armee in ihrem Rücken, und Brid konnte ihn kaum bändigen. Kialan hatte die Zügel übernommen und zog ihn von Egils Pferd aus hinter sich her.

Sie fegten mit donnernden Hufen in den Paß. Die Straße zwischen den steilen Felswänden war gut ausgebaut. An ihrem nördlichen Ende wurde sie schmaler. Sie mußten hintereinander reiten, Plan- und Proviantwagen am Ende. Egil und die anderen Kutscher benutzten die Peitsche. Brid gab Olob hin und wieder einen Klaps. Moril dachte, daß sie es gerade schaffen könnten bis zum Fort. Ihre Verfolger wurden durch keinerlei Wagen aufgehalten und kamen stetig näher. Als Kerils Trupp an die engste Stelle kam, wo das Fort sich massig gegen den Himmel abhob, blickte Moril sich um und sah, daß die erste Reihe von Tholians Reitern das andere Ende des Passes erreicht hatte.

Keril brüllte inzwischen den Männern im Fort etwas zu. Es gab eine kurze Verzögerung. Plötzlich öffnete sich dort, wo das große Tor gewesen war, ein schwarzes Loch, und einige Nordmänner ritten hinein. Der enge Raum zwischen den Felswänden war von Lärm erfüllt, dem lauten Trappeln von Hufen und unbestimmten schärferen Geräuschen.

Brocken von Geröll stürzten auf den Boden und auf die Planen der Wagen. Es waren Schüsse aus großer Entfernung, und Moril dachte, daß es schwierig sein müsse, von einem galoppierenden Pferd aus zu schießen. Für Olob, der sich gegen Kialans ungeduldige Hand wehrte, war es der Tropfen, der das Faß zum Überlaufen brachte. In seinem Entsetzen machte er eine saubere Wende und zerrte dabei Kialan und Egils Pferd mit. Brid schwankte und klammerte sich an seiner Mähne fest. Einige Nordmänner sahen, was geschah, und wendeten ihre Pferde, um zu helfen. Egil stieß einen lauten Fluch aus und brachte den Wagen zum Stehen. Moril sprang hinunter, die Mandola um die Schulter gehängt, und lief zu Olob.

„Laß ihn los!" schrie er Kialan zu. „Olob! Hör auf mit dem Unsinn!"

Zum Glück war Kialan vernünftig genug, Olob laufen zu lassen. Moril mußte seinen ausschlagenden Vorderhufen ausweichen, und Brid rutschte hilflos von seinem Rücken. Und als Olob hoch über ihnen stand, immer noch wiehernd und ausschlagend, traf ihn eine Kugel mitten in den Kopf. Sein großer brauner Körper stürzte zwischen Moril und Brid wie eine fallende Eiche. Er war tot, bevor er den Boden berührte.

Sie starrten einander über den toten Körper hinweg an.

„Und jetzt Olob", sagte Brid.

„Gut", sagte Moril. „Ich weiß, was ich zu tun habe!"
Kerils Hauptmann hatte im Engpaß aufgeräumt. Jetzt galoppierte er zurück und streckte Brid die Hand entgegen. „Halt dich fest, Mädchen!" Brid ergriff seine Hand und krabbelte hinter ihm aufs Pferd.
Kialan rief Moril etwas zu und streckte ihm die Hand entgegen, aber Moril achtete nicht darauf. Er kletterte wie ein Wahnsinniger die Felswand hinauf. Die Mandola schlug gegen seinen Rükken und dröhnte. In zehn Sekunen war er oben; wie er das geschafft hatte, wußte er später nicht. Keuchend kroch er auf dem Kamm der Felswand entlang, bis er zu einer Stelle kam, von wo aus er in den Paß hinunterblicken konnte. In nicht allzu großer Entfernung sah er Kialan am Tor des Forts. Er winkte und rief etwas. Er schien Moril ein Zeichen geben zu wollen, daß oben in der Felswand eine Tür ins Fort führte. Dann schloß sich das Tor hinter ihm.
Aber Moril interessierte sich nicht mehr für das Tor. Er sah den Paß hinunter nach Süden. Es wimmelte von Tholians Reitern. Dort, wo der Paß breiter wurde, kamen immer mehr Reiter. Es war wirklich eine Invasion.
Moril erhob sich. Er fühlte ein paar Regentropfen. Es sah aus, als sei ein Sturm im Anzug, was Moril nur recht war. Einen Augenblick lang schaute er hinauf zu den schweren Wolken und spürte eine gewisse Scheu. Aber die würde wohl jeder empfinden, wenn er im Begriff war, die Mandola zu benutzen wie Osfameron es getan hatte.
Dann blickte er hinunter in den Paß. Olob lag mitten auf der Straße. Die ersten Reiter waren jetzt nicht mehr weit entfernt von der Stelle. Moril schlug einen scharfen, rollenden Akkord

an. Diesmal summte die Mandola nicht, aber er spürte die Kraft. „Ihr werdet nicht nach Norden kommen", sagte er zu den dichtgedrängten Reitern. „Und dies ist der Grund." Er schlug zwei weitere Akkorde an.
Die Kraft nahm ihm fast den Atem. Die Antwort war ein großer Blitzstrahl, grün und gefährlich stieß er in die Felswände. Ein Donnergrollen folgte, und Moril unterstützte es mit dem tiefsten Ton der Mandola, so daß die Kraft in ihr wachsen konnte. Als es verstummte, sprach er, wie Sänger eine Beschwörung sprechen. Er sagte:

„Kialan und Konian wurden vom Sturm überrascht.
Der, den du in Holand hängtest, hat niemandem
etwas zuleide getan,
Noch hatte Kialan das, als du ihn faßtest. Dies ist
für Konian."

Er schlug einen anderen Akkord an und fühlte die Kraft in der Mandola wieder wachsen. Dann sagte er:

„Der bedauernswerte Clennen liegt bei einem See
in Markind,
Der Sänger, den du nur auf einen Verdacht hin
erdolchtest
Und von weiteren Vorstellungen ausschlossest.
Dies ist
für den Träger Clennen."

Er schlug einen scharfen Akkord an und dann einen rollenden. Die ersten Reiter waren jetzt genau unter ihm. Sie machten keine Pause, als sie zu Olob kamen, sondern trampelten über ihn hinweg und weiter. Moril bemerkte es, sah aber an ihnen vorbei zur Mitte des Passes. Dort war Tholian, von seinen besten Freunden umdrängt. Moril wartete, voller Zuversicht und unerbittlich, und ließ sie näherkommen, während die Kraft der Mandola noch mehr anwuchs. Dann sprach er seinen letzten Vers:

„Der Richter in Untertal zeigte kein Erbarmen mit
Dastgandlen Handagner. Tod war im Süden
Und Weinen im Oberland. Jetzt kommt Krieg
in den Norden,
Und alles durch Tholian. Dies ist für Tholian."

Er schlug wieder in die Saiten und noch einmal und ein drittes Mal, voller Rachsucht. Die Kraft wurde gewaltig, bis sie Moril, den Himmel, die Wolken und den ganzen Paß umfaßte. Und dann begannen die Berge zu laufen. Moril hatte gewußt, daß es gelingen würde.

Sie fingen gemächlich und langsam an, als zuckten die Berge zu beiden Seiten des Passes mit den Schultern. Aber nach etwa einer Sekunde wurde aus dem Schulterzucken ein heftiges rhythmisches Schütteln. Die Gipfel der Felswände neigten sich und marschierten nach innen und unten, marschierten, stapelten sich und wälzten sich unaufhaltsam weiter. Der Donner dröhnte und ging unter im Mahlen von Gestein. Auch das Schreien von Menschen und Pferden war fast nicht zu hören in dem Lärm.

Moril sah, wie die Reiter am unteren Ende des Passes versuchten zu fliehen. Aber die Felsen füllten gemächlich, verschlafen und rhythmisch den Einschnitt auf. Der Felsen, auf dem Moril stand, marschierte mit. Moril lehnte sich zurück, um das Gleichgewicht nicht zu verlieren, und ließ sich von dem Stein tragen, bis er auf einem Haufen zusammengewürfelter Felsbrocken stand, beinahe über der Stelle, wo die Kugel Olob getroffen hatte. Die Felsen lagen hochaufgetürmt im Paß und füllten ihn völlig aus, so daß es kein Einschnitt mehr war.

Moril hielt sich nicht lange auf, weil es jetzt zu regnen begann; die zerklüfteten Felsen glänzten bald schwarz vor Nässe. Er zog seine Jacke aus und bedeckte die Mandola, um sie so gut wie möglich zu schützen. Es war gut zu wissen, daß Tholian sich irgendwo dort unter den Felsmassen befand und daß Barangarolob eine Menge Gesellschaft hatte.

Moril warf einen Blick zum Fort, um zu sehen, ob es alles gut überstanden hatte. Es stand unversehrt auf einem abschüssigen, massiven Felsblock. Keril suchte sich gerade über die Trümmer einen Weg zu ihm. Er sprang von Fels zu Fels, bis er bei Moril landete.

„Ich habe etwas Schreckliches getan, nicht wahr?" sagte Moril.

„Ich glaube nicht, daß wir auf eine andere Weise den Paß hätten halten können", antwortete Keril.

„Ihr versteht nicht", sagte Moril. „Ich habe es wegen Olob getan." Er lehnte sich an Keril und fing an zu weinen. Keril zog seine Jacke aus, legte sie Moril um die Schultern und führte ihn behutsam über die Felsbrocken hinweg zum Fort.

Sie verließen das Fort am nächsten Tag, nachdem eine große Anzahl von Truppen aus den Nordtälern dort eingetroffen war, um dafür zu sorgen, daß die Südländer nicht versuchten, über die heruntergestürzten Felsen hinweg anzugreifen. Moril sah nicht so viel auf der Reise nach Hannart, wie er gern gesehen hätte. Er war erschöpft und verbrachte die meiste Zeit schlafend in einem der Wagen. Hin und wieder wachte er auf und sah, daß sie sich auf einer grünen Straße befanden oder durch einen Wald fuhren. Die Bäume standen noch in Knospe im späten Frühling des Nordens. Dann schlief er frohen Herzens wieder ein. Er war wach, als sie bei den Wasserfällen von Dropwater vorbeikamen, die er um nichts auf der Welt hätte verpassen wollen. Und als sie nach Hannart kamen, war er wieder ganz wach.

Er war enttäuscht, aber nicht wirklich überrascht, als er feststellte, daß Hannart eine viel größere Stadt als Untertal war, mitten in einem großen Tal gelegen. Überall wehten Fahnen zu ihrer Begrüßung. Überall standen Menschen mit Fähnchen oder Blumen. Hannart war voller Blüten, auf Feldern, in Gärten, auf Bäumen und wildwachsend, dicht wie das Gras an den Hängen der Berge. Moril konnte sie riechen, als sie ins Tal kamen.

In dieser Nacht wurde ihnen zu Ehren ein Fest gefeiert, und der ganze Ort war voller Musik. Aber das war nichts Ungewöhnliches in Hannart, weil dort jederzeit Musik zu hören war. Kuhglocken läuteten von den steilen Bergwiesen. Die Frauen riefen die Kühe mit einer Art Lied nach Hause, das Brids *Kuh-Ruf* nicht unähnlich war. In der Stadt gab es Melodien für alles, was verkauft wurde, und für das Ausrufen einer jeden Stunde des Tages. Beinahe jede Nacht wurde irgendwo gesungen und getanzt. Es wurde behauptet, Leute aus Hannart könnte man daran er-

kennen, daß sie sangen, was sie auch gerade tun mochten, und wenn sie nicht sangen, so pfiffen sie.
Keril lebte mitten in der Stadt in einem Haus, das doppelt so groß war wie das Ganners. Im Gegensatz zu Ganners war es stets geöffnet. Die fröhlichen Bewohner Hannarts schienen den Vorhof als Verlängerung des Marktplatzes zu betrachten. Es wurde getratscht, es wurden Sachen verkauft, und wenn etwas Ungewöhnliches geschah, kamen die Leute aus Hannart ins Haus und berichteten Keril davon. Da außerdem eine große Anzahl von Leuten in dem Haus wohnte, fand Moril es fast unmöglich herauszufinden, wer wohin gehörte.
Brid war entzückt. Sie war noch nie in ihrem Leben so glücklich gewesen. „Ich habe mich oft daran erinnert, aber ich dachte immer, ich müßte mich irren!" sagte sie.
Auch Moril fühlte sich wohl. Er mochte das rege Leben, die Sorglosigkeit, die Art, wie die Leute zu Keril gelaufen kamen, um zu sagen, was sie gerade beschäftigte. Er mochte Keril. Er mochte Halida, Kialans Mutter. Er war gern mit Kialan zusammen, und die ständige Musik entzückte ihn. Aber es war ihm zu heiß in der Stadt und viel zu heiß im Haus. Er mußte immer wieder hinauf in die Berge. Nachts war es noch schlimmer, und wenn es möglich war, schlief er im Garten. Als Halida es bemerkte, gab sie ihm ein Zimmer im Erdgeschoß, das in einen der Gärten führte. Moril war dankbar, hielt sich aber kaum im Zimmer auf und schlief dort nur, wenn es regnete.
Brid und Kialan sprachen darüber mit Keril.
„Ich fürchte, früher oder später wird er uns wieder verlassen", sagte Keril, „hoffentlich nicht so bald. Ich schulde es Clennen, dafür zu sorgen, daß er eine gute Ausbildung bekommt."

In der folgenden Zeit beobachtete Brid Moril voller Argwohn. Er gab durch nichts zu erkennen, daß er Hannart wieder verlassen wollte. Er schien völlig zufrieden zu sein mit der Ausbildung, die Keril für so wichtig hielt. Er verbrachte viele Stunden damit, zusammen mit Kialan Mandola zu spielen, alte Lieder zu bearbeiten und sich an neuen zu versuchen. Er ritt mit Kialan und Brid aus und wanderte mit ihnen in den Bergen. Es war ihm drinnen nur einfach zu heiß, und dann war da noch etwas, über das er im Augenblick nicht nachdenken mochte.
Seit der Flennpaß blockiert war, erhielten sie nur sehr selten Nachricht aus dem Süden. Es verging fast ein Monat, bevor einige Fischer die Nachricht brachten, daß Tholian tatsächlich beim Einsturz der Felsen ums Leben gekommen war und daß seine Soldaten, von denen die meisten ohnehin unfreiwillig gekommen waren, sich abgesetzt hatten und nach Hause gegangen waren. Einige Zeit danach traf ein Händler ein, der berichtete, daß es im Süden sehr ruhig geworden sei; die Lords und die Grafen fürchteten die Ruhe der einfachen Leute und wagten nicht einmal, dem Norden Friedensverhandlungen anzubieten, weil sie befürchteten, das könne zu einem Aufstand führen.
Wieder einen Monat später traf ein Planwagen in Hannart ein. Der schwarze Schlamm an seinen Achsen zeigte deutlich, daß er durch die Marsch nach Norden gekommen war. Vom Schlamm abgesehen, war der Wagen in fröhlichem Grün und Gold gestrichen und in gutem Zustand. Er wurde von einem sehr hübschen Mädchen gelenkt. Neben ihr saß ein verträumt aussehender Mann mit hagerem Gesicht und einem dünnen, ergrauenden Bart. In kleinen goldenen Buchstaben war auf der Seite des Wagens zu lesen, daß er HESTEFAN DER SÄNGER sei.

Den Bewohnern von Hannart wurde klar, daß dies sowohl noch mehr Musik als auch neue Nachrichten aus dem Süden bedeutete. Viele folgten dem Wagen, als er durch die Straßen zuckelte und auf den Vorhof des gräflichen Hauses fuhr.
„Oh, sieh nur! Ein Sänger!" sagte Brid zu Kialan.
„Kennst du ihn?" fragte Kialan Moril.
„Ich habe von ihm gehört." Moril musterte Hestefans sanftes Gesicht und die verträumten Augen, und es kam ihm in den Sinn, daß er eines Tages wahrscheinlich so ähnlich aussehen würde.
Der Wagen blieb stehen. Die Plane wurde etwas zurückgezogen, und ein dritter Reisender stand zögernd auf.
„Dagner!" riefen Brid, Moril und Kialan.
Sie rannten zum Wagen. Dagner kletterte lächelnd und rot vor Freude herunter und wurde fast von ihnen erdrückt.
„Was ist geschehen?" fragte Brid.
„Wie bist du entkommen?" fragte Moril.
„Ganner hat mich rausgeholt", sagte Dagner, als er wieder zu Atem kam. „Ganner ist in Ordnung. Ich mag ihn jetzt wirklich gern. Er ist uns damals gefolgt, aber als er uns nicht fand, ist er nach Markind zurückgekehrt. Und dann – ich weiß nicht, was du dem alten eingebildeten Richter erzählt hast, Moril, aber als ich wieder vor ihnen stand, schienen sie gar nicht mehr so sehr von meiner Schuld überzeugt zu sein und fragten immer wieder nach Ganner. Ich habe ihnen also erzählt, daß er Mutter heiraten würde, und sie ließen jemanden den weiten Weg nach Markind machen, um fragen zu lassen, ob das wahr sei. Sobald Ganner erfuhr, daß ich im Gefängnis saß, kam er nach Untertal und schlug einen Riesenkrach. Während er noch dabei war, kam die

Nachricht, daß Tholian tot sei. Ganner setzte den Richter sofort an die Luft und sagte, er übernehme die Sache jetzt. Es war herrlich! Die Hälfte der anderen Gefangenen hat er auch freigelassen. Aber weil ich wirklich Informationen weitergeleitet hatte, hielt Mutter es für besser, wenn ich für eine Weile in den Norden ginge, und sie bat Hestefan, mich mitzunehmen."

»Wie geht es Mutter?" fragte Moril.

„Sie ist sehr glücklich", antwortete Dagner. „Lacht den ganzen Tag. Ich weiß nicht warum – sie lachte, als sie hörte, daß der Flennpaß blockiert sei, und sagte, du und Brid müßtet es geschafft haben in den Norden. Sie hat mir einen Brief für euch mitgegeben."

Brid und Moril rissen ihm den Brief fast aus der Hand. Es war ein schöner langer Brief, der von allem in Markind berichtete. Lenina ließ nichts aus, von den gefleckten Kühen bis zu dem Dach, auf das Moril geklettert war; sie erinnerte Brid an dieses und Moril an jenes und sagte, Ganner ließe herzlich grüßen. Für Moril las es sich wie ein Brief von jemandem, den er flüchtig kannte. Er hatte das Gefühl, er könnte ebensogut an den Sohn vom Bäcker um die Ecke gerichtet sein. Er war ein bißchen traurig.

„Was für ein wunderschöner Brief!" sagte Brid. „Ich werde ihn aufbewahren."

Während sie den Brief lasen, hatte Hestefans hübsche Tochter den Wagen zu den Ställen gefahren. Moril war ärgerlich, weil er gern mit Hestefan gesprochen hätte. Er lief hinunter, aber der grüne Wagen stand schon leer neben ihrem rosa Wagen. Er ging zurück in den Hof.

Dagner, entzückt, sie alle wiederzusehen, war ungewöhnlich redselig.

„Soll ich dir etwas wirklich Verrücktes erzählen?" fragte er gerade Kialan, als Moril zu ihnen kam. „Du wirst es nicht glauben!"
„Versuch's doch!" sagte Kialan.
„Also", fing Dagner an, „ich bin der Graf der Südtäler! Sie wollen mich natürlich nicht", fügte er hastig hinzu, als Kialan schallend lachte. „Nichts wird sie dazu bringen, mir diesen Titel zu verleihen. Aber es stimmt. Tholian war nicht verheiratet, und all seine Vettern sind auch umgekommen, als der Flennpaß einstürzte – das müßt ihr mir übrigens noch erzählen! –, und ich war der nächste lebende Erbe. Und nach mir kommt Moril. Ehrlich."
Moril stand schweigend daneben. Jetzt wußte er, worüber er nicht hatte nachdenken wollen. Er hatte das getan. Er hatte eine gewaltige Zerstörung bewirkt und so viele Menschen getötet, daß Dagner jetzt ein Graf war. Alle dachten zweifellos, daß er richtig gehandelt habe. Er hatte den Norden gerettet, einen Krieg verhindert und Clennen und Konian gerächt. Aber Moril wußte, daß er nicht richtig gehandelt hatte. Er hatte das alles nur getan, weil Olob getötet worden war. Mit der Mandola in der Hand hatte er so getan, als sei es für Konian, für Clennen, für Dagner und für den Norden, aber in Wirklichkeit war es alles für Olob gewesen. Er schämte sich. Er hatte die Mandola betrogen. Das war eigentlich das schlimmste. Moril sah ein, daß er weder alt noch weise genug war, um die Verantwortung für ein so mächtiges Instrument wie diese Mandola zu tragen.
In dieser Nacht wurde ein Fest zu Ehren von Dagner, Hestefan und Fenna, Hestefans Tochter, gegeben. Keril bat Hestefan zu singen. Hestefan sang, alte Lieder, neue Lieder und Lieder, die Moril noch nie gehört hatte. Wenn Hestefan sang, vergaß man,

daß er es war, der da sang, und dachte nur noch an das Lied. Moril war beeindruckt. Dann erzählte Hestefan eine Geschichte. Es war eine Geschichte, die Moril nicht kannte. Und während Hestefan erzählte, stellte Moril fest, daß er vergaß, wer da erzählte, und daß er nur noch in der Geschichte lebte. Moril erkannte, daß er noch viel lernen mußte.

Danach wollten alle, daß Dagner sang. Dagner war nervös, aber erstaunlich schnell bereit, den Wunsch zu erfüllen.

„Hah!" sagte Brid. „Er will nur Eindruck auf Fenna machen, das ist alles."

Was auch der Grund sein mochte – Dagner nahm seine eigene Mandola, die Kialan ihm geholt hatte, stimmte sie und sang das Lied, das Moril versucht hatte zu vollenden. Er machte es ganz anders als Moril. Die neuen Teile der Melodie unterschieden sich deutlich von Morils, und er hatte den Anfang geändert. Jetzt hörte es sich so an:

Folge mir, folge mir.
Die Amsel singt, komm, folge mir.
Keiner wird wissen, wohin wir gehen –
Wichtig ist nur, daß wir gehen.

Kialan sah Moril an und verzog das Gesicht, um zu zeigen, daß Morils Version ihm besser gefiel. Moril lächelte. Jeder mußte die Dinge auf seine Weise tun. Während Dagner anschließend sein *Farbenlied* sang, entfernte Moril sich leise, holte die alte Mandola, hängte sie sich um die Schulter und ging zu Hestefan, der an einem offenen Fenster mit Bier seinen Durst löschte. Hestefan sah aus, als sei ihm auch zu heiß, genau wie Moril.

„Bitte“, sagte Moril zu ihm, „nehmt Ihr mich mit, wenn Ihr wieder geht?“
„Na ja“, sagte Hestefan unschlüssig, „ich hatte eigentlich vor, mich jetzt zu verdrücken, solange keiner etwas bemerkt.“
„Das wußte ich“, sagte Moril. „Nehmt mich mit. Bitte!“
Hestefan schaute ihn an mit einem unbestimmten, verträumten Blick, der, da war Moril sich ganz sicher, doppelt soviel sah wie die Blicke der meisten Menschen. „Du bist Clennens zweiter Sohn, nicht wahr?“ fragte Hestefan. „Wie heißt du?“
„Tanamoril“, sagte Moril. „Ich heiße auch noch Osfameron“, fügte er hinzu, um Hestefan zu locken.
Hestefan lächelte. „Also gut“, sagte er. „Komm mit.“